シリーズ【実像に迫る】003

長野業政と箕輪城

久保田順一
kubota junichi

戎光祥出版

はしがき

長野業政《ながのなりまさ》は、箕輪衆《みのわしゅう》の総帥《そうすい》として、戦国末期の西上州《にしじょうしゅう》（現在の群馬県西部）で存在感を示した国衆《くにしゅう》の一人である。しかし、業政に関する史料はきわめて少なく、その実像を捉えるのは難しい。実は、自身が書き記した書状は一通も残っておらず、花押《かおう》・実名さえ明らかではないからである。雙林寺《そうりんじ》（群馬県渋川市）に残された「雙林寺伝記」などには「業正」とみえ、これを採る学術書も多いが、本書では系譜にみえ、これまで親しまれてきた「業政」で通すことにしたい。このうち、「業」の一文字は、長野氏が在原業平《ありわらのなりひら》の子孫を称するものとして代々の通字で、「政」の字は、主君である上杉憲政《うえすぎのりまさ》に関わるものかもしれない。

長野氏について、最初にその全体像を描いたのは故近藤義雄氏の著作『箕輪城と長野氏』である。同書では、長野氏は長野郷を基盤として上州一揆《じょうしゅういっき》の旗頭《はたがしら》から出発し、守護上杉氏の没落後、業政によって一族・被官を中心に周辺の多くの国衆を同心化《どうしんか》することに成功し、南西上州に領域支配を実現した小戦国大名として描かれ、これによって、西上州の雄としての長野氏のイメージが確立した。

その後、上野《こうずけ》の戦国史は、黒田基樹氏によって、守護山内《やまのうち》上杉氏と各地域を支配した上野国衆についての研究が積み重ねられ、大きく進展した。新史料が発掘されるとともに、それらを駆使して国衆の政治動向、当主の世代や一族・被官との関係などが明らかにされたのである。また、長野氏についても再検討が進み、一族の関係や家ごとの世代も整理され、これまでとは異なった歴史像が描かれている。本書も、それらの成果によるところが大きい。

二〇一二年には、『戦国史　上州の百五十戦争』が出版されている。こちらは、これまでの研究成果の上に立って、上野の戦国時代を通史的に概観したものである。戦国史といっても、武将たちだけが活躍していたわけではなく、人々の生業や生活、宗教者たちの動き、他国との水陸の交通路を通じての交流などもある。民衆も、戦乱によって苦しめられていただけの存在ではなかった。トータルな戦国社会史を描き出すことが重要であり、この流れをさらに深めることが求められている。

長野郷に拠った長野一族には、箕輪長野氏と室田《むろた》長野氏という二つの独立した家が想定できる。これまでは、箕輪長野氏が室田に進出したと考えられていたが、業政は室田長野氏の一族で箕輪城主となったと考えられる。その根拠については本文で触れるが、その前提として「領《りょう》」の問題がある。長らく荘・郷という地域区分がなされていたが、戦国期にはこれに代わって「領」が成立する。これは国衆の支配領域を示し、その名称は中心的な城館名による。箕輪城に拠る長野氏の支配領域として「箕輪領」がある（「浦野文書」）が、これとは別に「長野領」がみえる（「市谷八幡宮文書」）。両者は同一の実体の異称とする見方もあるが、別のものであれば、箕輪長野氏とは別に自立した国衆の領が存在したことになる。

今般、長野業政の生涯を描く機会が与えられた。研究が細分化され、緻密化される一方、史料がきわめて限定されている状況の下で、新たに解明できる個別の問題は少ないとも思うが、業政の生きざまやその役割について、新たな視点から問題提起が可能と思われる。長野氏は道半ばで没落した戦国国衆であるが、上州の武士の一つのあり方を象徴する存在とも考えられる。本書によって、上州の戦国史への関心が高まることを期待したい。

二〇一六年一〇月

久保田順一

シリーズ【実像に迫る】003

長野業政と箕輪城

目次

箕輪城の過去と現在

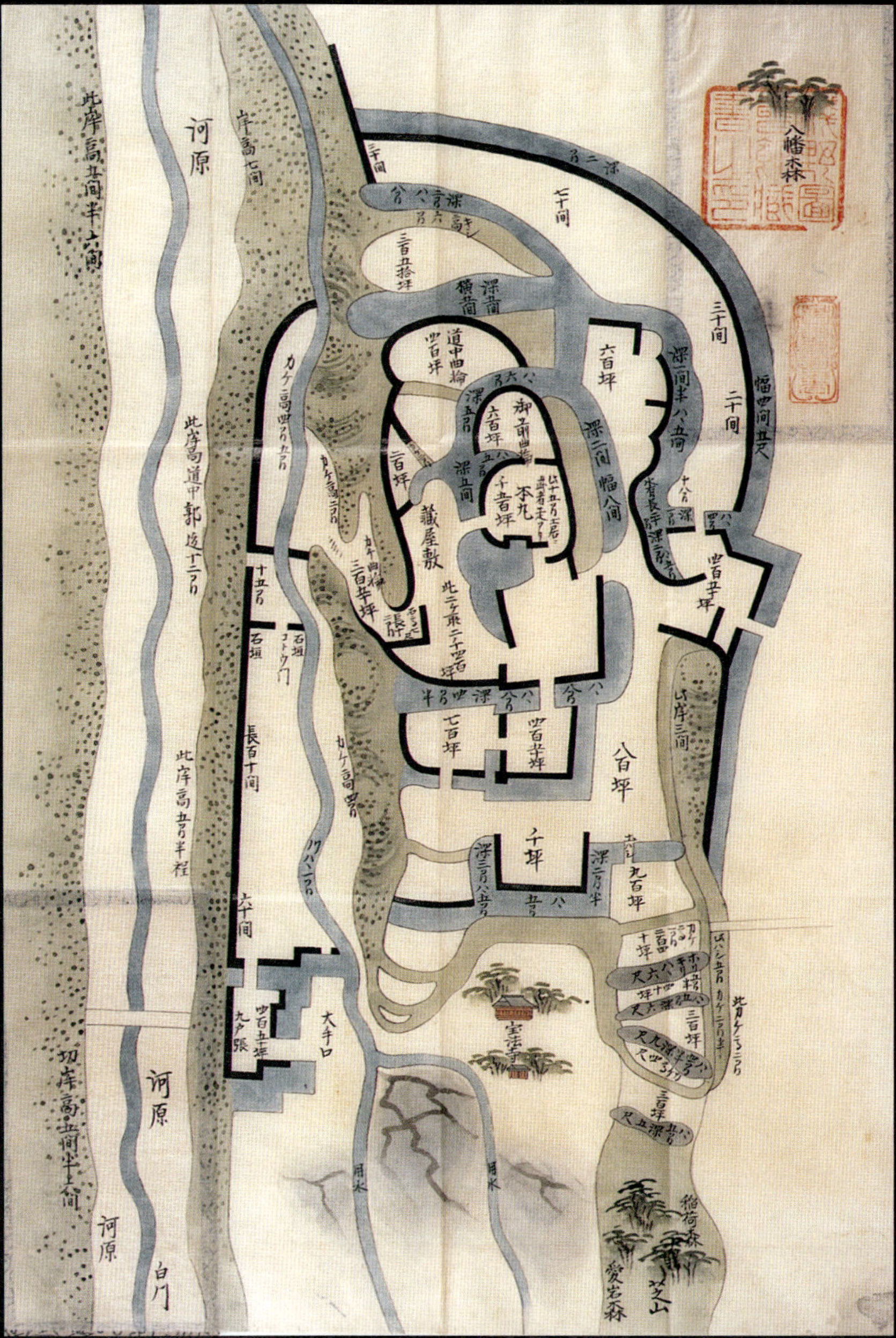

▲江戸時代の「諸国古城之図」に描かれた箕輪城■広島市立中央図書館蔵・浅野文庫

▲箕輪城跡の空撮（全景）■写真提供：高崎市教育委員会

▲箕輪城跡の本丸南堀■以下、いずれも写真は高崎市教育委員会提供

▶箕輪城跡の三の丸下層の石垣

▲箕輪城跡の御前曲輪西虎口

▼箕輪城跡出土の中国から輸入された磁器

▲箕輪城跡の本丸から出土したかわらけ

▼箕輪城跡から出土した鉄鏃、鉄砲玉、鍔、鉄砲部品、刀子、笄《こうがい》、銭

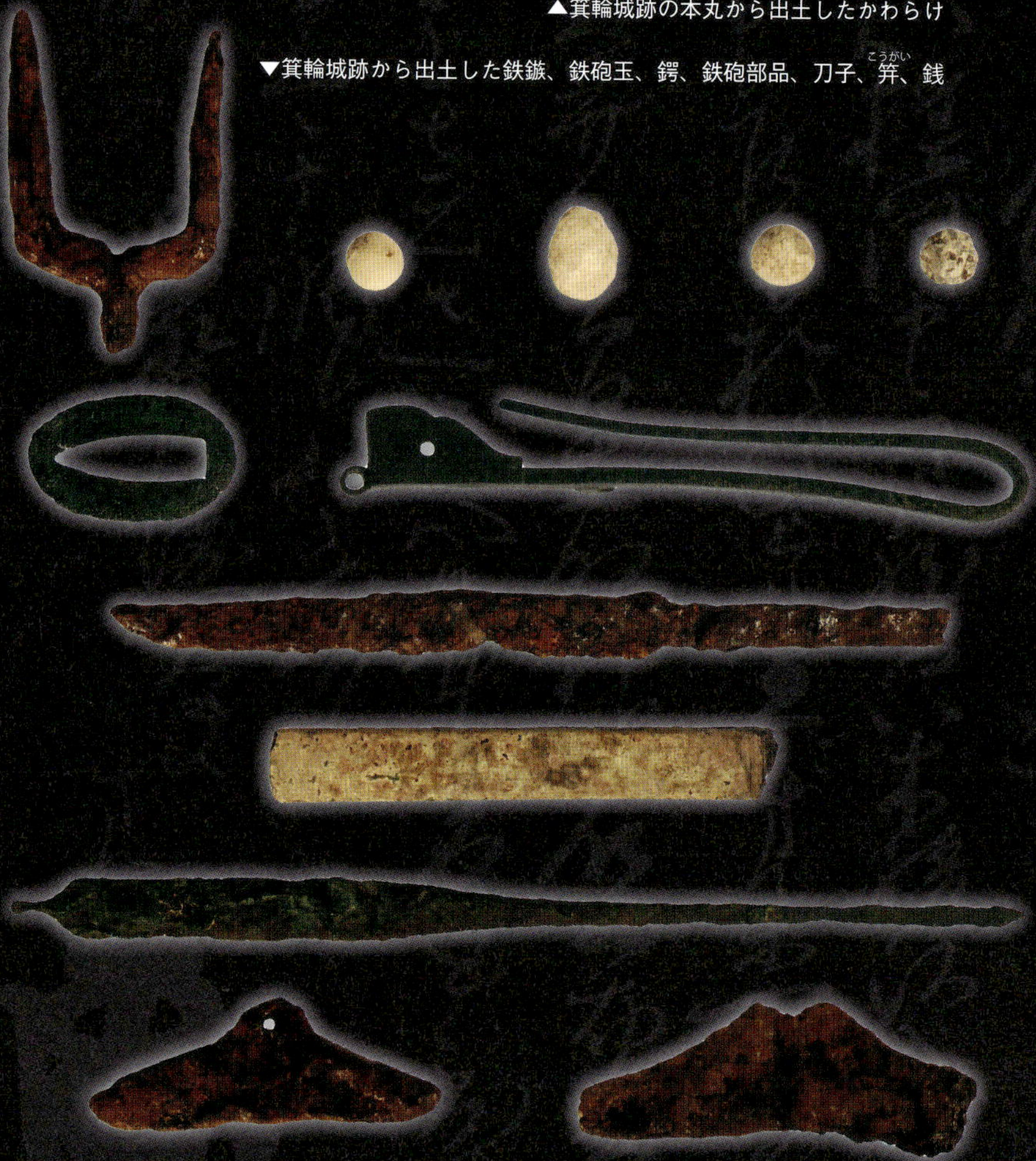

第一部　山内上杉氏の重臣として

山内上杉家の内紛のなかで、重臣として勢力を増していった業政。北条氏や武田氏といった強大な戦国大名に囲まれるなかで、上杉憲政を盛り立て、戦乱の海にこぎ出していく。

長野業政木像■群馬県高崎市・長純寺蔵　写真提供：高崎市教育委員会

第一章　長野一族の発展

長野一族の活動の舞台となった長野郷

長野一族の活動の舞台は、榛名山《はるなさん》の東・南麓に広がる長野郷である。平安時代には、都の有力貴族や寺社の私領として荘園が形成されたが、一方で国司《こくし》が支配する国衙領《こくがりょう》の郷の再編成も進められた。その結果、荘園・国衙領制が成立する。長野郷は国衙領の一つで、上野府中《ふちゅう》（前橋市元総社町）の西側にそれを支えるように成立した。現在の市町村でみると、高崎市の北部域であり、国衙領としては上野国有数の規模をほこる。

長野氏は、長野郷を管轄する郷司《ごうじ》であり、石上《いそのかみ》を姓《かばね》としていた。石上氏は古代上野で各郡司《ぐんじ》を排出した有力豪族で、その一族がここに入って長野氏となったのであろう。一方、長野氏は上野国衙とも関わり、国司の代官（目代《もくだい》）を支える国衙の現地役人（在庁官人《ざいちょうかんじん》）でもあった。鎌倉時代には鎌倉幕府の御家人《ごけにん》ともなり、長野刑部丞《ぎょうぶのじょう》が活躍した（「吾妻鏡《あづまかがみ》」）。

南北朝の内乱以降、長野郷は上野国守護職となった山内上杉氏の所領となる。そ

上野国の名峰榛名山■赤城山・妙義山とともに上毛三山の一つに数えられ、古来より信仰を集めた　群馬県高崎市

のことを考慮すると、長野氏は南北朝内乱でいったん没落し、長野郷の支配権を失ったことがうかがえる。室町期以降に再び登場する長野一族は、その一族が復活を遂げたか、別の氏族が上杉氏の被官として入ったかのいずれかである。長野一族は、室町期から戦国期までこの地を支配し続け、戦国期にはその支配領域を、中心となる城名に因んで「箕輪領」とも称されるようになった。

　箕輪城が築城された西明屋《にしあきや》は、榛名山東南麓の長野郷を見下ろす高台の地で、山側に偏っているようにみえるが、そうとはいえない。足利尊氏《あしかがたかうじ》は戦乱で倒れた後醍醐天皇《ごだいごてんのう》をはじめとする人々の供養のため、全国に安国《あんこく》寺《じ》・利生塔《りしょうとう》を造営したが、上野安国寺は当初、ここに設けられた。同所が足利方の拠点で、安国寺を造営するのにふさわしい、聖なる場所と考えられたためであろう。

　西明屋には上宿《かみしゅく》・裏宿《うらしゅく》・西宿《にししゅく》などの宿地名もあり、中世の宿《しゅく》が存在した。ここは坂東三十三《ばんどうさんじゅうさん》観音霊場《かんのんれいじょう》めぐりの

東向八幡宮の石幢■長野氏が文明六年（一四七四）に京都の石清水八幡宮を勧請して創建された神社で、石幢は本殿の北側にあり、文明六年の紀年銘が記されている　群馬県高崎市

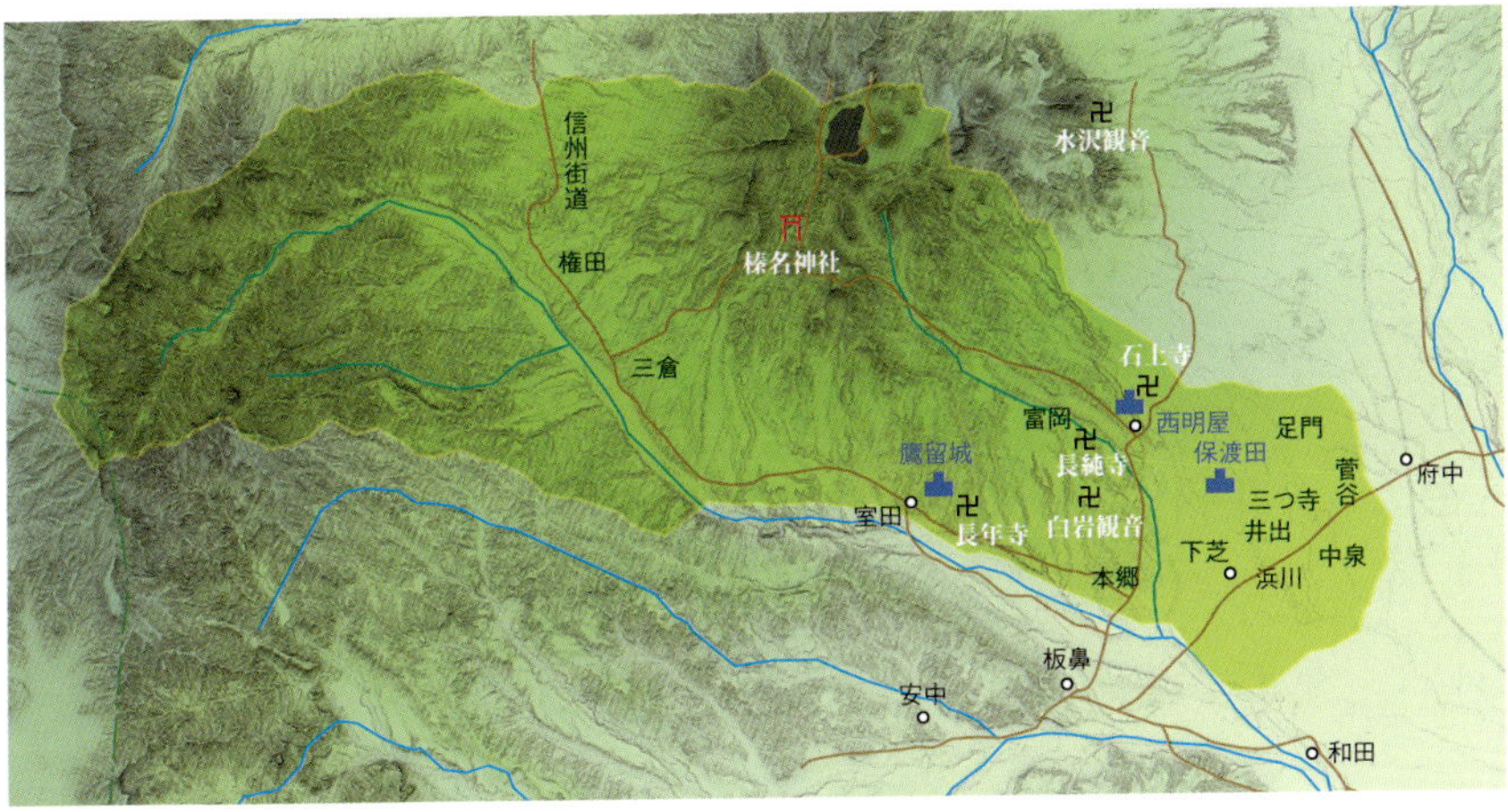

図１　長野郷の周辺図

白岩観音《しろいわかんのん》から水沢《みずさわ》観音へと至る参詣路が通り、榛名神社参詣の入り口でもあった。水沢からは、越後へ向かう道も想定される。さらに、西明屋の周囲には、鎌倉期以降の元号《げんごう》を刻む石造物も多く残っており、有力者が拠点を構えていたことがわかる。長野郷の中心の一つとして上杉氏がここに拠点を構えたと考えられ、それが長野氏に引き継がれたのかもしれない。

長野郷内でもう一つの重要な拠点が浜川である。ここには御布呂《おふろ》や本宿の字名《あざめい》がある。御布呂は石上氏ゆかりの大和《やまと》国石上神宮（祭神：布留御魂剣《ふつみたまのつるぎ》）に関わる地名で、ここには石上寺《せきじょうじ》があったともいう。また、本宿の字名から中世の宿が存在したこともわかる。ここを奥大道（中世の東山道《とうさんどう》）から分岐して府中へ向かう道が通っており、付近には長野氏の始祖に関連する*1乙業館《おとなり》や隆業館《たかなり》（浜川砦《はまかわとりで》）をはじめとする城館が密集し、鎌倉期に開かれた時宗《じしゅう》の来迎寺《らいごうじ》もある。ここを長野氏発祥の地とする説もあり、後述するように、ここには浜川長野氏がいた。

■業政の生まれ年はいつか■

まずは、業政の出自をみてみよう。彼がいつ生まれ、いつ死んだかを示す確実な史料はないが、没年については、長野氏の菩提寺《ぼだいじ》長純寺《ちょうじゅんじ》が所蔵する業政木像の背《はい》銘《めい》に、「永禄四年（一五六一）六月廿一日他界」とみえる。後述するように、この

石上神宮■神武天皇の東征の際に苦境を救ったとされる布留御魂剣を「石上大神」として祀ったのが創建とされ、物部氏（のちに石上氏）が代々社家として奉仕した。戦国時代には織田信長によって社領を没収され、衰退した　奈良県天理市

*1乙業館・隆業館■それぞれ長野氏の始祖とされる乙業・隆業の居館と伝承されている。井野川沿いの崖端などを利用して築かれた。

年に病死したことは疑いない。長年寺《ちょうねんじ》所蔵の長野氏系図などには「永禄三庚申年病死」ともみえるが、これは何らかの誤解によるものであろう。

それでは、生まれ年はいつであろうか。長純寺に残された書付《かきつけ》の中に「享年六十三歳也」とみえ、「名将言行録《めいしょうげんこうろく》」*2 などでは七十一歳とする。永禄四年の小田原攻めに出陣したことを考慮すると、齢七十一でこのような長期の外征は無理と思われる。前者をとると明応八年（一四九九）頃、後者では延徳三年（一四九一）頃の生まれとなる。

業政の父について、長野稔氏所蔵の長野氏系図では憲業《のりなり》、長年寺所蔵の長野氏系図では、その弟としてみえる信業《のぶなり》とする。なお、前者には信業はみえない。信業は弾正忠《だんじょうちゅう》・信濃守《しなののかみ》を称し、箕輪城主で富岡長純寺を開基《かいき》し、妻は花屋理栄《かおくりえい》と記されている。しかし、その存在を示す確実な史料はない。

そこで、信業は実在の人物ではなく、憲業と同一人物とする説もある。憲業の「憲」は、上杉憲房《のりふさ》から一字を拝領したともみられ、信業が改名して憲業と称し

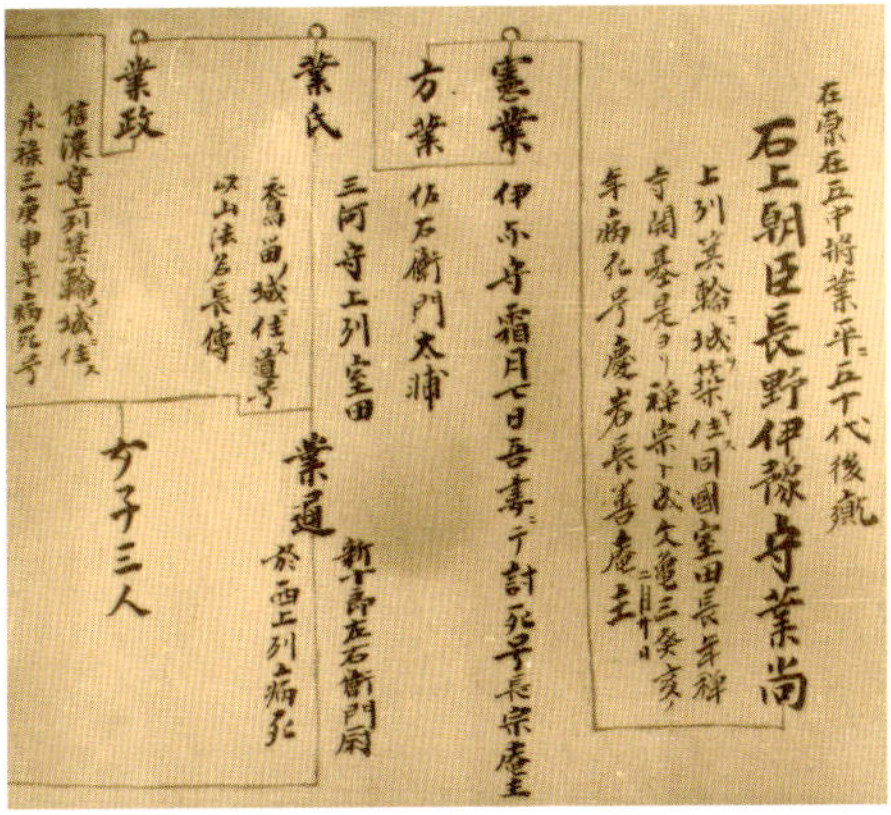

長野氏系図■群馬県高崎市・長年寺蔵　群馬県立文書館所蔵の写真帳より撮影

＊2名将言行録■上野国館林藩士の岡谷繁実が幕末から明治初期にかけて著した、戦国武将や江戸幕府の大名一九二名の人物列伝。幅広いエピソードを収録するが、十分な検証がなされていない箇所も多い。

北新波砦跡の土塁■長野一族に関係する砦で、十五世紀後半から十六世紀中頃に築かれたと推定されている。七十五メートル四方の方形館で、現在は史跡公園として整備されている　高崎市北新波町

長野氏系図①長年寺蔵

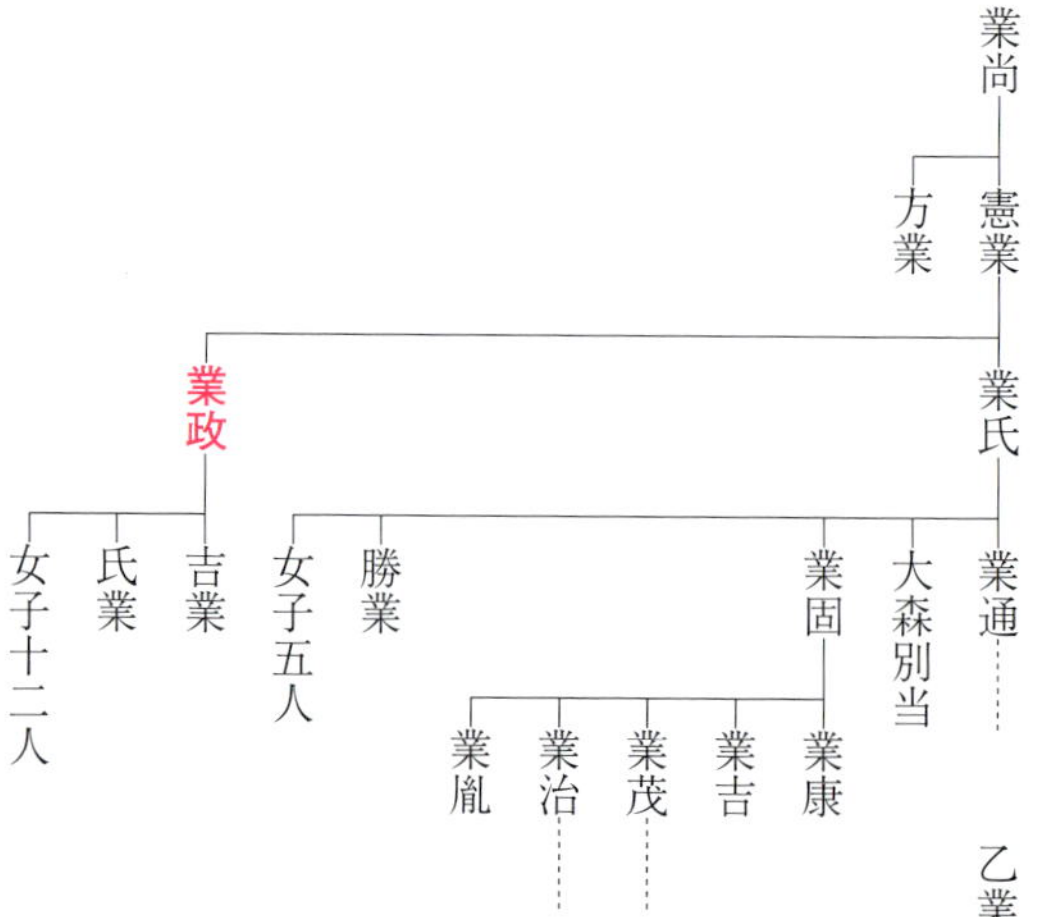

長野氏系図②長野稔氏所蔵

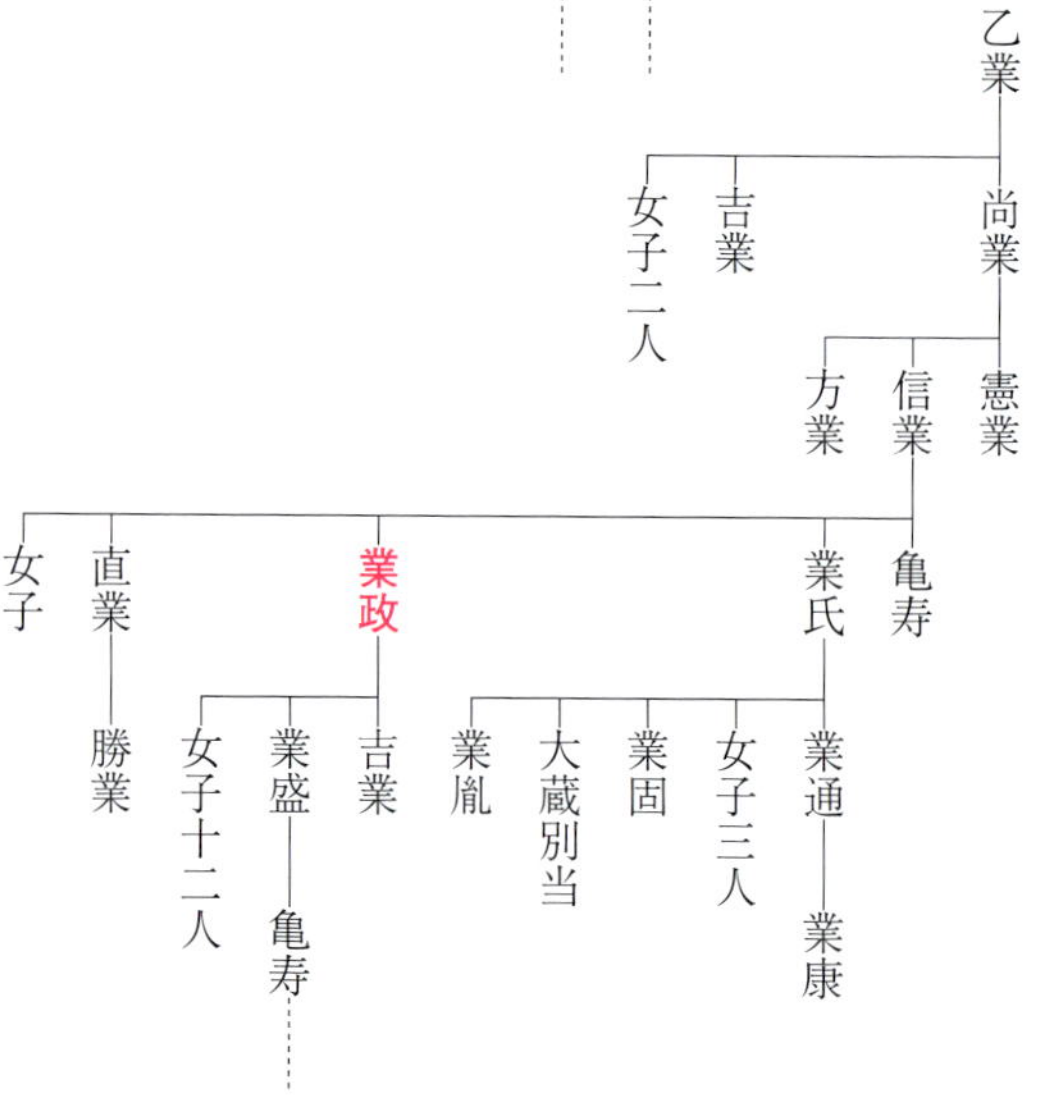

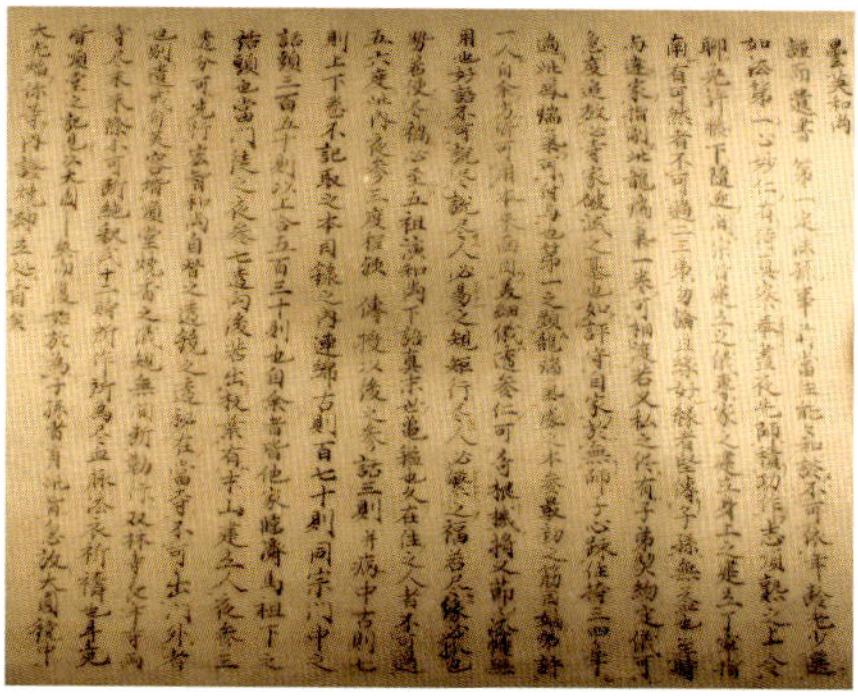

曇英和尚遺書写■長年寺の開山曇英恵応の遺書。曇英は曹洞宗の僧で、一州正伊の法嗣。雙林寺や最乗寺などの住持をつとめた　群馬県高崎市・長年寺蔵　群馬県立文書館所蔵の写真帳より撮影

たともいわれる。ただし、確実な史料にみえないからといって、その存在が完全に否定されるわけでもない。

長野氏系図については、『箕輪町誌』・『新編高崎市史』などにもいくつかの系図が掲載されており、記述に多少の相違がある。長年寺所蔵のものは、鷹留《たかとめ》城主であった業氏《なりうじ》の子孫が作成したもので、業氏の兄弟である業政に関わる記述は少ない。長

野稔氏所蔵のものは業政の子孫が作成したもので、逆に業氏の一族に関わる記述は少ない。前者を系図①、後者を系図②として、どこまで事実と考えられるか検討してみよう。

憲業・信業の父、つまり業政の祖父は系図①では業尚、系図②では尚業である。彼は伊予守《いよのかみ》または三河守《みかわのかみ》を称し、室田に長年寺を開基し、文亀三年（一五〇三）二月二十日に没したなどのことが記されている。

この人物は、長年寺の開山となった曇英恵応《どんえいえおう》の語録*（「春日山林泉開山曇英禅師語録」）にも登場する。それには「石上信州太守長野業尚公」とあるように、名前は業尚が正しく、官途も「信州大守《しんしゅうたいしゅ》」（信濃守）と称したことがわかる。ただし、伊予守と称したことを否定するものでもない。なお、同語録には「嫡嗣憲業左金吾氏、庶子金剌明尚諏訪公、慈母松畝正貞優婆夷」などともみえ、子息や母の情報も記されている。

■室田長野氏の拠点鷹留城■

業尚の跡を継いだのが憲業であることは、系図や語録に共通している。まず、彼らがどこにいたのかをみてみたい。業尚は、系図①では箕輪城を築いて住んだとみえるが、系図②では室田鷹留城を築いたとみえる。また、系図②では、憲業は鷹留

*語録■禅宗の用語で、師僧の言葉や説法、年譜などをまとめたもの。

長年寺■長野業尚が曇英恵応を開山として建立した名刹。境内には長野氏累代の墓がある　群馬県高崎市

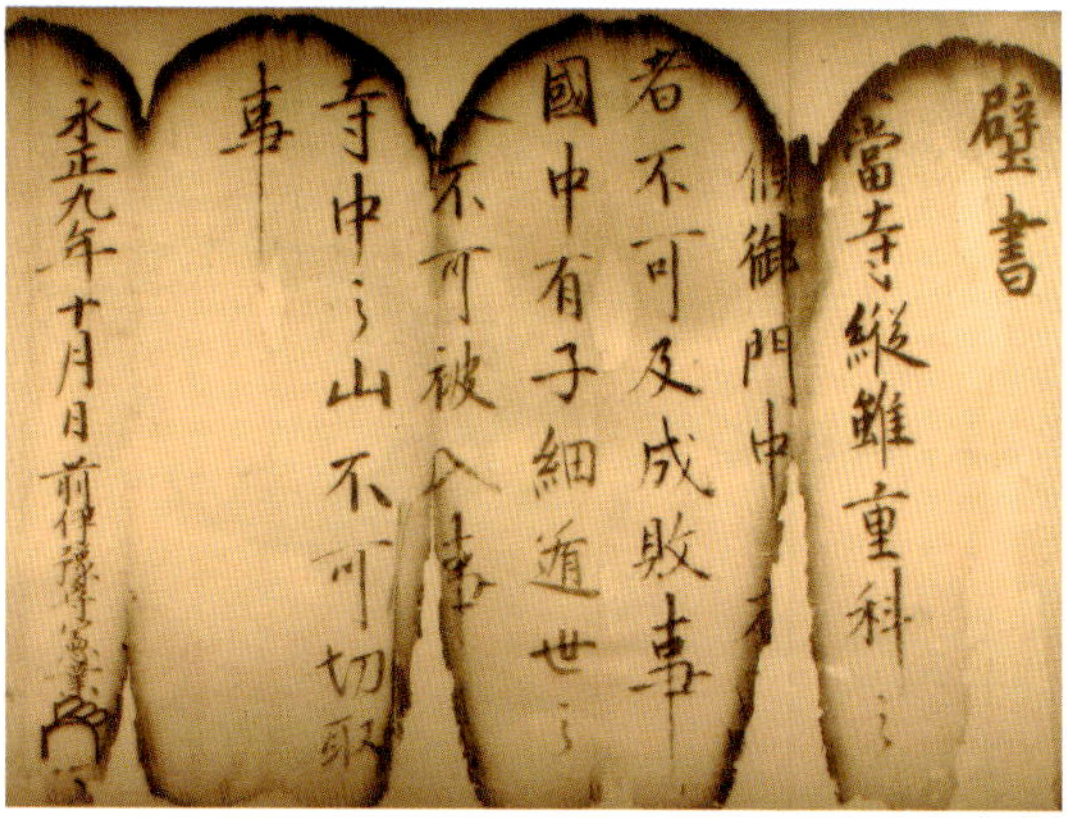

永正九年十月日付け長野憲業壁書■群馬県高崎市・長年寺蔵　群馬県立文書館所蔵の写真帳より撮影

に住んだが、永正九年（一五一二）に箕輪に城を築いたとある。どちらが正しいのだろうか。

業尚の事績で重要なことは、長年寺の造営である。長年寺は、業尚が文亀元年（一五〇一）に曇英恵応を開山として下室田に建立した曹洞宗《そうとうしゅう》の寺院で、曇英は白井《しろい》長尾《ながお》氏が創建した雙林寺、越後《えちご》長尾氏が開いた林泉寺《りんせんじ》（新潟県上越市）などの開祖《かいそ》ともなった高僧《こうそう》である。「長年寺縁起并由来記」に、延徳二年（一四九〇）に長尾為景《ためかげ》と業尚が草津《くさつ》温泉で曇英と宿を共にし、奇妙な体験を得たことが記され、これを契機に林泉寺と長年寺が開かれたという。業尚の跡を継いだ憲業も長年寺の保護に努め、永正九年十月日に三ヵ条の*1壁書《かべがき》を出している（「長年寺文書」）。

業尚が箕輪ではなく、室田に長年寺を開基したことをみると、業尚は室田に拠点を構えており、それを憲業が引き継いだとみるべきだろう。室田も長野郷に属し、もとは上杉氏の所領であった。ここは上野中心部から吾妻《あがつま》郡を経て、長野善光寺《ぜんこうじ》に

林泉寺の山門■越後国の長尾（上杉）氏の菩提寺で、長尾能景が曇英恵応を開山として創建した。長尾景虎（のちの上杉謙信）は幼少の頃に同寺に預けられ、住持天室光育から教育を受けたという。境内には長尾能景・同為景・上杉謙信の墓がある　新潟県上越市

＊1壁書■中世後期に、掟や命令などを紙や板に書いて壁に掲げたもの。

＊2俗別当■出家をせず、在俗のままで寺院運営の責任者である別当をつとめた者。延暦寺に初めて置かれたのを皮切りに、中世後期には地方の有力寺社にも置かれるようになった。

向かう信州街道が通っており、室田は対岸の神山《かみやま》とともに、烏川《からすがわ》の渡河点《とかてん》に成立した宿であった。また、この道は草津に至る草津街道でもあった。

ところで、十五世紀初頭に木部《きべ》弾正《だんじょう》左衛門《さえもん》入道《にゅうどう》道金《どうきん》という人物が榛名神社俗別《ぞくべっ》*2当職《とうしき》に就いている。道金は石神・石津・三倉の田畠・在家《ざいけ》・山野林とともに、毛呂田中山の田在家について、鎌倉府《かまくらふ》を通して室町幕府《むろまちばくふ》に安堵《あんど》を求めている（「榛名神社文書」）。毛呂田は室田のことで、木部道金は上杉氏の被官と考えられ、上杉氏の命によって、榛名神社の管理・経営に関わったのであろう。長野氏も同様に、当初は上杉氏の命によってこの地に進出したと考えられる。

高崎市神戸《ごうど》町にある戸榛名《とはるな》神社の史料に、明応五年（一四九六）三月七日に長野伊予が山林・田畑などを安堵した文書の写しがある（「戸榛名神社文書」）。文書は検討の余地があるが、長野氏とこの地域との関わりを示す最初のものである。長野伊予は業尚であろう。

憲業は、長年寺に下した壁書につづき、永正十年四月吉日に榛名満行《まんぎょう》権現《ごんげん》・巌殿寺に「大戸城の落城」を祈願し、下地《したじ》百疋《ひゃっぴき》（一貫文《いっかんもん》）を寄進している（「榛名神社文書」）。この後、大戸城攻略に向かったとみられるが、系図②では翌十一年に吾妻郡で討ち死にしたとある。系図①では没年はなく、「霜月（十一月）七日に吾妻において討ち死にした」とみえる。大戸城攻め、あるいはその後の吾妻郡域での戦いで、不慮の死に遭遇したのであろう。憲業の跡は業氏が継いだとみられる。

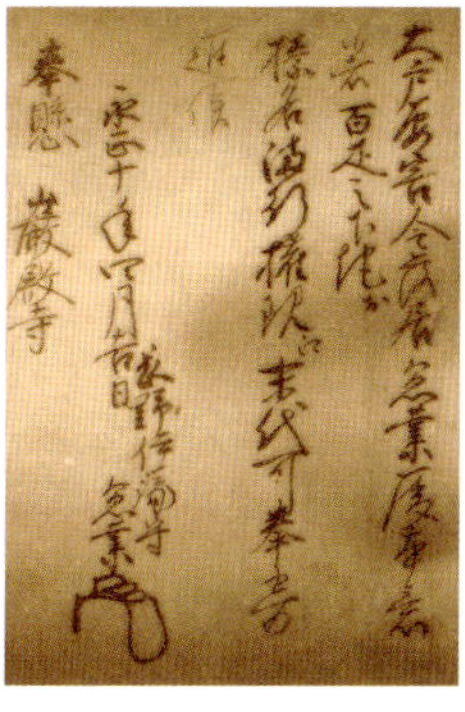

永正十年四月吉日付け長野憲業立願状■群馬県高崎市・榛名神社蔵

榛名神社■榛名山を神として祀り、上野国の領主たちのみならず、武田信玄等の信仰も集めた。中世には満行権現とも称された　群馬県高崎市

ところで、永正十一年四月十一日に榛名神社に五ヵ条の制札《せいさつ》を下した人物がみえる（「榛名神社文書」）。花押型は明らかに憲業のものとは異なり、上杉憲房とする説もあるが、花押型は憲房のものでもない。

榛名神社にこのような制札を出せるのは長野一族以外には考えられず、憲業の後継者である業氏が発給したものとみるのが妥当であろう。業政ということも考えられるが、業政の花押は不詳であり、次にみる方業《まさなり》との関係から、それは否定される。なお、この花押は大永二年（一五二二）十月日に高崎市吉井町神保の仁叟寺《じんそうじ》に出された制札写にみえる花押影と酷似していることが指摘されている。

業氏は、系図①によると三河守を称して鷹留に住んだとみえ、系図②では憲業の養子となって鷹留に住み、天文七年（一五三八）十一月に没したとある。業氏の子として、系図①には業通《なりみち》・大森別当《おおもりべっとう》・業固《なりかた》（傑山長伝《けつざんちょうでん》）・業勝《なりかつ》・女子五人などがみえ、系図②では業通・業固・大森別当・女子三人がいる。このうち、業通は永禄五年（一五六二）頃、武田方の鷹留城攻めによって討ち死にしている。これらのことから、鷹留城に拠った室田長野氏は、業尚・憲業・業氏・業通と四代続いたことがわかる。

系図①・②は、基本的には室田長野氏の系譜を示すものである。業政がこの系譜に列なるところをみると、彼は室田長野氏の出身で、箕輪城に入ったのであろう。業尚や憲業と箕輪との関わりは、業政が箕輪に入ったことから、系図作成の段階な

仁叟寺の本堂■上野の曹洞宗の名刹。室町時代の応永年間に建立され、大永二年（一五二二）に現在地に移った。本堂はこの年に創建されたという。禁制をはじめとする多くの貴重な古文書を所蔵し、高崎市の重要文化財に指定されている　群馬県高崎市

どで、業政の先代・先々代が築城したとの伝承から付け加えられたとも考えられる。

■業政と方業は同一人物か■

長野氏系図の中で、信業とともにもう一人、不思議な人物がいる。憲業の弟としてみえる方業である。系図①では名前のみが記され、系図②では出羽守の官途があるだけで、何の説明もない。

実は、長野方業と名のる人物が存在したことが、確実な史料に登場する。十一月十七日付で徳雲軒《とくうんけん》性福《しょうふく》という人物に出された長野左衛門大夫《さえもんたいふ》方業書状である（「上杉家文書」）。なお、これまでは「方業」を「方斎」と読み間違って伝えられていた。性福は十二月二日付で返書をしたためたが、宛て先は「箕輪へ参」とのみ書かれている。これは方業を指し、このことから方業は箕輪城主であったことがわかる。これらの文書は大永四年（一五二四）のもので、この頃に箕輪城主として方業という人物がい

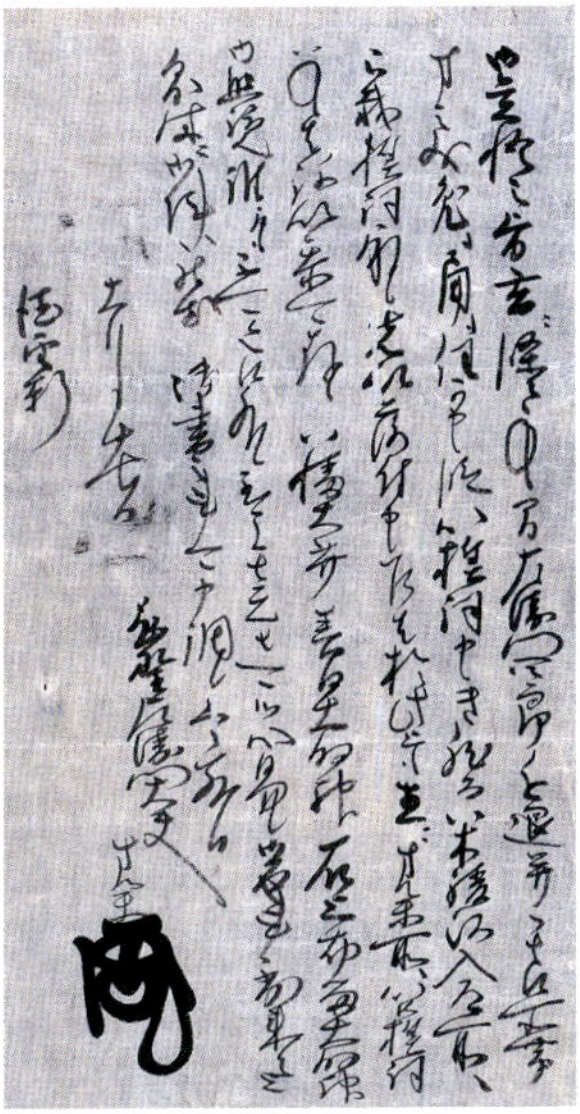

大永四年十一月十七日付け長野方業書状■「上杉家文書」 米沢市上杉博物館蔵

氏業　方業ヵ（天文４年）　方業　某（大永２年）　某（大永 11 年）　憲業

長野一族の花押

たことになる。その後、業政が方業の跡を継承して箕輪城主となったのだろう。

一方、方業を業政と同一人物とする見方もある。方業の訓は「まさなり」、業政は「なりまさ」であり、訓ではひっくり返しとなる。同一人物と考える根拠として、方業書状にみえる花押と、天文四年四月付の榛名神社に発給された制札（「榛名神社文書」）の花押が酷似していることがある。

後者には、花押のみで発給者の実名は記されていないが、天文四年頃には業政が家督を継承していた可能性が高いので、これを業政発給文書とみれば方業と同一人物となる。そうであれば、業政はすでに永正期に箕輪城主になっていたことになる。ただし、逆に方業が天文四年頃まで当主の座にあったと考えることもできる。なお、二つの花押は細かくみると、線の引き方などに異なる点もある。また、後継者が先代の花押型に酷似した花押を用いる場合もないわけではない。

業政と方業が同一人物である可能性は高い。少なくとも、両人は先代と後継者で、一体の存在である。方業の動きを追うことは、業政の政治的立場や地位を知るうえで重要であろう。方業が箕輪城主であったことは明らかであり、箕輪長野氏は方業・業政・氏業と続いた。このようにみると、系図②で業政の父とされる信業も、箕輪系長野氏であろう。ただし、室田長野一族の方業・業政が、たまたま箕輪の地を与えられて入部したとも考えられないわけでもない。

「絵本甲越軍記」に描かれた上杉顕定■長野氏の主人で関東管領であった山内上杉顕定が、長森原合戦（後述）で討ち死にした場面を描く　当社蔵

■上野の各地に勢力を伸ばした長野一族■

そこで問題となるのが、*『系図纂要《けいずさんよう》』第十三巻にみえる長野氏系譜である。同系図の末尾は、氏業の子孫で井伊《いい》家に仕えた十郎左衛門《じゅうろうさえもん》業真《なりざね》（業実）であり、この家系に伝承されたものであろう。これによると、業政（業正）の父は信業で、系図②と同じであるが、その先が異なる。

業政の祖父は業景《なりかげ》で、右京亮《うきょうのすけ》・飛騨守《ひだのかみ》を称し、上杉顕定《あきさだ》に属して文明十八年（一四八六）に先陣をつとめ、討ち死にしたとみえる。業景の嫡子業久《なりひさ》は、二十二歳のときに五十子《いかっこ》陣で討ち死にし、その弟信業《のぶなり》が家督を継承する。信業は右京亮・伊予守を称し、大永六年（一五二六）に箕輪城を築き、天文三年（一五三四）に没したとみえる。

記述には明らかな誤りもあるが、室田長野氏とは異なる系譜を示している。なお、これと類する系図もある（『箕輪町誌』石井泰太郎氏所蔵系図）。記載の人物について、確実な史料で確かめることはできないが、室田長野氏とは別の箕輪長野氏

長野氏系図　『系図纂要』第十三巻

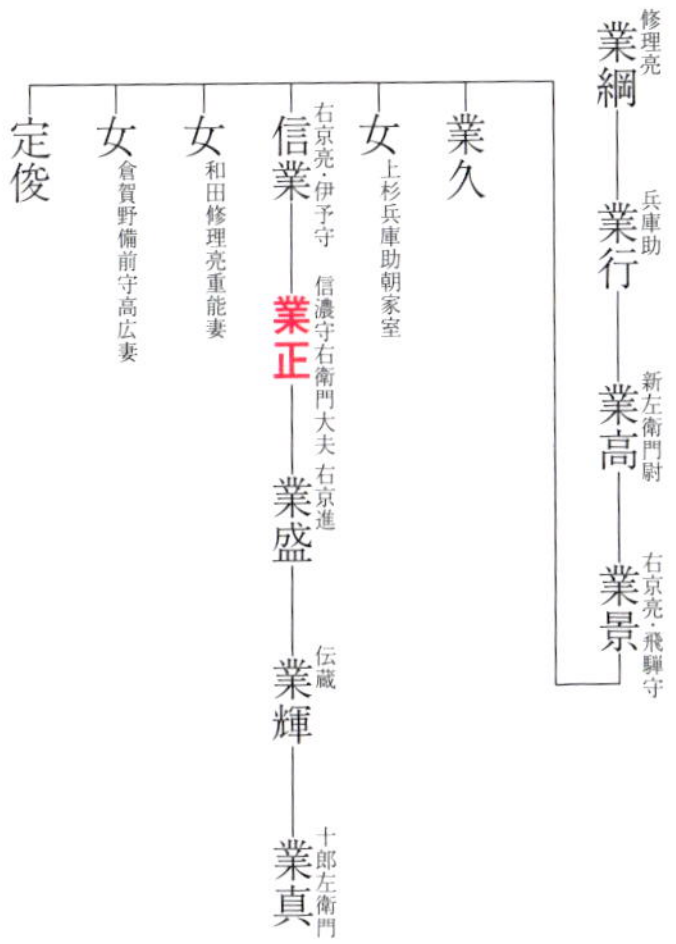

*系図纂要■江戸末期にまとめられた系図集で、先行する各種系図集やさまざまな文献を幅広く参考にしており、史料価値が高いと評価されている。

五十子陣跡■古河公方足利成氏と対立した関東管領上杉房顕が構築した陣。この後しばらく山内上杉氏の拠点として機能した　埼玉県本庄市

の系譜を示している可能性がある。

長野一族には室田・箕輪両長野氏がいたが、それ以外に厩橋《まやばし》・大胡《おおご》にも一族がみえる。これらの長野氏は、どのような関係にあるのだろうか。

厩橋長野氏に関わる寺院として、長昌寺《ちょうしょうじ》・橋林寺《きょうりんじ》がある。橋林寺の寺伝では、長野賢忠・道安・道賢がみえ、これに加えてその先代として聖仲《せいちゅう》（顕業《あきなり》）がいる。長昌寺の寺伝では、宗堅・道安・賢忠・道賢の四代をあげる。二つの伝承では、四代にわたって長野氏が厩橋城主の地位を継承したと伝えるが、人名に相違がみえ、混乱が生じている。

長昌寺の寺伝には、方業・信業も登場する。方業は信濃守とも左衛門尉ともみえ、箕輪城、次いで厩橋城を築いたとされる。また、方業は信業の子で、嫡子が業尚、次男が道安であったという。事績や人物関係に混乱があるが、何らかの事実を伝えている可能性もある。たとえば、道安は方業の子で、厩橋長野氏を継いだことは事実かもしれないが、業尚が方業の子であるとは考えにくい。このようにみると、方業の存在は知られていたものの、その位置が不明確となり、たまたま憲業の弟として置かれたともみられる。信業も方業と同様であったかもしれない。

なお、このほかの長野一族として、文明三年（一四七一）に長野左衛門尉（将軍足利義政御内書案）、文明九年に討ち死にした長野左衛門尉為業《ためなり》、永正元年（一五〇四）に討ち死にした長野孫六郎《まごろくろう》房業《ふさなり》らがいる（*「松陰私語《しょういんしご》」）。彼らがどこを拠点として

厩橋長野氏に関する伝承を持つ長昌寺■長野方業を開基、大洞禅師を開山として創建されたと伝わる。織田信長の家臣滝川一益が厩橋城主になると、同寺で能を興行をおこなったとされる　群馬県前橋市

*松陰私語■上野国衆岩松家純の陣僧をつとめた松陰の回想録で、享徳の乱をはじめとする合戦の記述も詳しく、上野および関東の戦国史を理解するうえで重要な史料である。

いたかは確定できず、この中に箕輪を拠点としていた者もいた可能性がある。

■箕輪城と鷹留城の関係■

箕輪城がいつ築城されたかを示す確実な史料はない。現況の城址は長野氏以後、武田・滝川・北条・井伊氏の城となり、さまざまな改修がおこなわれ、初期のものとは大きく異なっていると考えられる。発掘調査も進められているものの、初期の縄張りは明確ではない。現本丸の南と北に初期の堀が検出されたとされ、その付近に主要な郭が設けられていた可能性が高いと考えられている。

箕輪城の立地を考えるうえでポイントとなるのが、石上寺《せきじょうじ》である。石上寺は箕輪城址の東北方（東明屋《ひがしあきや》）にあり、方向からみて城の鬼門《きもん》の位置にある。築城にあたって、鬼門を守護するためにここに置かれたのであろう。ここには、文明六年（一四七四）銘の六地蔵石幢《ろくじぞうせきどう》や延徳三年（一四九一）銘の輪廻塔《りんねとう》などの中世の石造物がある。なお、城内の御前郭内の井戸からも、室町～戦国期の元号を示す石造物が発掘されている。南側に内宿という字名があり、これは戦国期に城内に取り込まれた町場を指す。根小屋《ねこや》（豪族の屋敷地と集落）から発展したものであろう。

箕輪城の具体的な築城年代について、系図②では憲業が永正九年（一五一二）に築城したとみえ、長純寺の記録では、信業が永正十一年（一五一四）に築いたとする。

（右）石上寺の延徳三年銘の輪廻塔　（左）同寺の文明六年銘の六地蔵石幢■ともに群馬県高崎市箕郷町東明屋

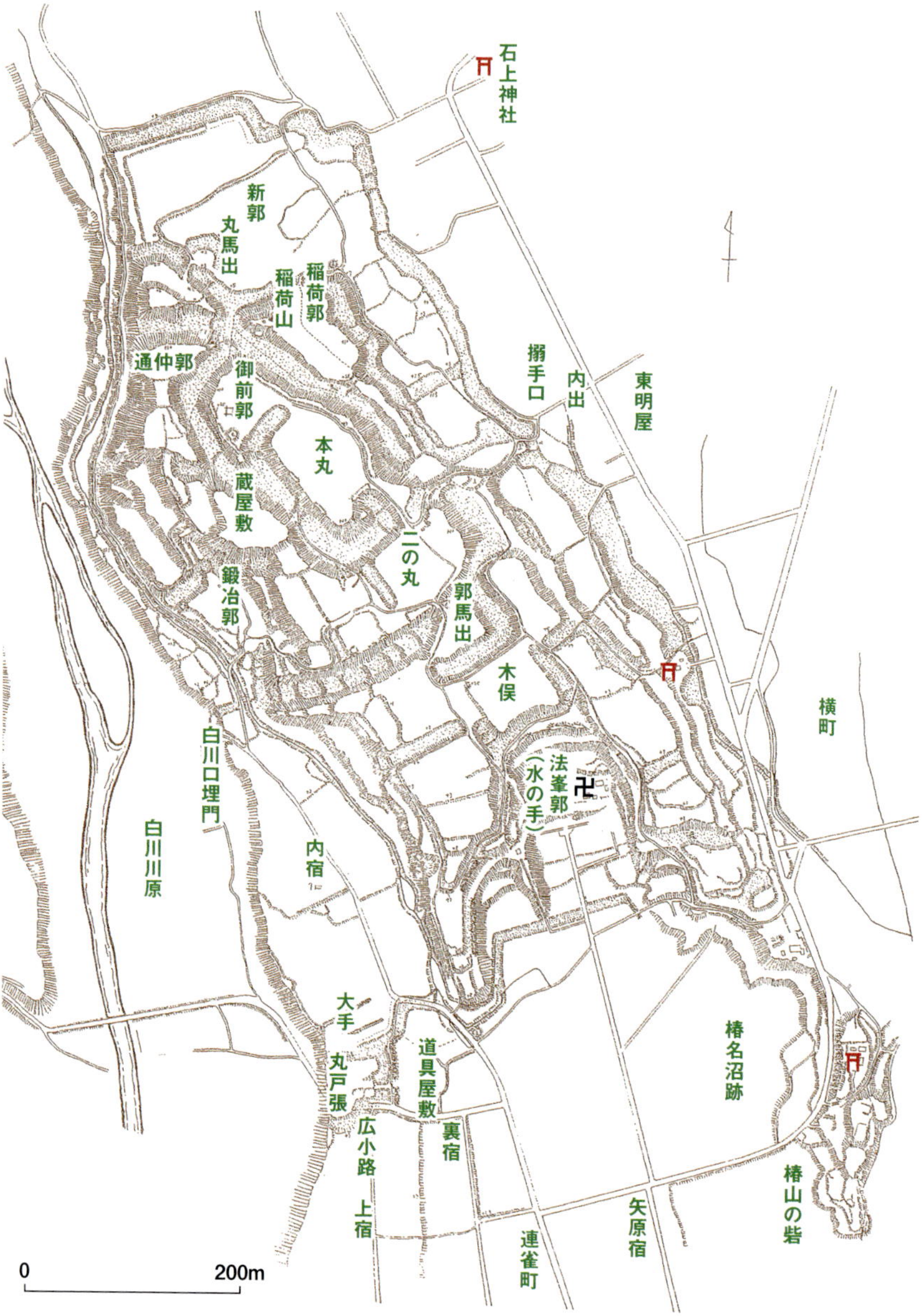

箕輪城の縄張り■原図・山崎一 『日本城郭大系』掲載図版を一部改変

これより古いとするのは「布留山石上寺記」で、明応五年（一四九二）に長野業安《なりやす》の築城とする。さらには、大永期に築城されたとするものもある。

十五世紀半ばから十六世紀初頭にかけて、関東では享徳の乱・長享の乱・永正の乱などの大乱が相次いで起こり、国衆たちは要害堅固な城館を必要とするようになっていた。このような情勢の変化により、長野氏が自立を図る過程で、少なくとも十六世紀の初頭には築城されたと考えられる。

初期の箕輪城の構造・立地を考えるうえで参考になるのが、鷹留城である。鷹留城は武田氏によって攻め落とされた後、まもなく廃城となったとみられ、長野氏時代の遺構がそれほど改変をうけずに残されたと考えられる。立地をみると、榛名山から続くなだらかな尾根《おね》の先端部を利用したもので、箕輪城と似ている。

箕輪城跡の石積み■群馬県高崎市

室田の市街地からは約一キロ離れているが、室田を意識して築かれたものであろう。中間に小規模な松山城址があり、ここは滑川を隔てて室田市街を見下ろす場所に立地する。北条氏家臣の上田氏が築城し、松山城と名付けたという伝

箕輪城跡の碑■箕輪長野氏の居城で、築城年代は諸説ある。榛名山の東南麓に広がる独立丘陵上の中心部に位置し、自然の地形を巧みに利用している。長野氏の後、武田氏や北条氏により改修され、現在の遺構は井伊氏時代のもの　群馬県高崎市

承もあるが、鷹留城に先行するものであろう。その前面には、堀之内《ほりのうち》と称する一辺百メートルの方形館址の遺構があり、居館とみられる。堀之内・松山城から鷹留城へと要害化されていったことが想定される。なお、鷹留城の南麓には根小屋の地名があり、鷹留城の城下であった。長年寺は東南方に位置するが、北側から移転したともいう。

鷹留城の規模は東西四百メートル、南北三百五十メートルほどである。北側の本郭と南側の南郭の間に両郭を繋ぐような細長い郭があり、それらは堀で仕切られている。本郭の北側、城の側面には堀と腰郭《こしぐるわ》が囲っている。本郭の広さは三十×六十メートル程度である。西側が大手筋《おおてすじ》ともみられているが、根小屋の方向は南になる。根小屋から上がる方向が大手であろう。

箕輪城と鷹留城はほぼ同時期に、前後して築城されたとみられる。箕輪城を本城、鷹留城をその支城とする見方もあるが、当初の城郭の規模はそれほど変わらない。二つの城は、長野郷を東西に分けて支配する拠点の城であり、箕輪城は箕輪長野氏、鷹留城は室田長野氏の居城として築かれたと考えられる。

鷹留城跡■室田長野氏の居城で、箕輪城と同じく榛名山の尾根に築かれた　群馬県高崎市下室田　写真提供：高崎市教育委員会

第二章　山内上杉氏と業政

山内上杉氏略系図

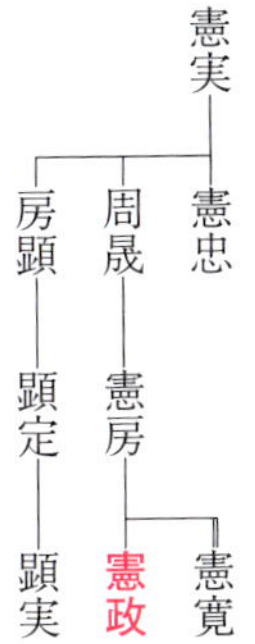

■山内上杉家の内紛と上州一揆■

業政が明応八年（一四九九）に生まれたとすると、武家の習いとして、永正年間の半ば頃に元服《げんぷく》を迎え、初陣《ういじん》を経験したと考えられる。

この頃、山内上杉家中で起こった事件に、顕定の越後出兵と討ち死に、顕定の養子顕実《あきざね》と憲房の家督争いがあった。顕定の死による山内上杉家（以下、山内家）の内紛は、成長期の業政に大きな影響を与えたであろう。

内紛の発端は、越後国内で起こった事件である。以下、その過程を追ってみよう。永正四年（一五〇七）八月、守護代長尾為景が守護上杉房能《ふさよし》を殺害し、上杉別家の上条《じょうじょう》定実《さだざね》（上杉清方《きよまさ》の孫）を擁立して国を奪い取った。顕定は二年の猶予の後、永正六年七月、憲房を伴って越後へ出兵し、わずかの期間で定実・為景を越中《えっちゅう》に追い落とし、越後府中（新潟県上越市）を支配下においた。しかし、国内各地で為景派の抵抗は続き、越後の内紛は収まる気配がなかった。

翌永正七年、為景は越中から佐渡《さど》を経て、四月二十二日に蒲原津《かんばらつ》（新潟市）に入り、

長尾為景の墓■上杉謙信（長尾景虎）の父。越後守護代の身から勢力を伸ばし、戦国大名化した　新潟県上越市・林泉寺

府中へ向かう途中、六月十二日に椎谷《しいや》（新潟県柏崎市）で顕定を破った（椎谷合戦）。これによって両者の力関係は逆転し、顕定はこれ以上の戦いは無理とみて、退却を始めた。その途上の六月二十日、顕定は長森原《ながもりはら》（新潟県南魚沼市）で追撃を受け、自害して果てたのである。

これらの戦いには、上州一揆も参陣していた。六月十二日付けの上杉顕定書状写によると、惣社《そうじゃ》長尾顕景《あきかげ》に率いられた上州一揆が、六日に蔵王堂《ざおうどう》（新潟県長岡市）で敵の長尾房景《ふさかげ》軍と交戦し、百余人を討ち取ったとみえる（「歴代古案《れきだいこあん》」）。長野一族は上州一揆の有力構成員であり、この中に憲業らが加わっていた可能性は高い。

顕定の家督を継いだのは、養子の顕実（古河公方《こがくぼう》足利政氏《まさうじ》の三男）である。顕実は顕定の越後出兵には同行せず、鉢形《はちがた》城に留まっていた。顕定の死によってただちに上杉家の家督となったが、顕実に対抗する憲房が挙兵した。なお、憲房は系図では顕定の養子となっているが、これは家督争いを隠蔽するための作為とみられる。憲房は越後上杉家から山内家に入った憲実《のりざね》の孫、僧周晟《しゅうせい》（周清とも）の子であった。

この争いは、古河公方家の内紛に連動したものであった。古河公方政氏は、以前から嫡子高基《たかもと》と対立しており、顕実の山内家入りは、同家を味方につけるための布石である。高基は当然それを歓迎しておらず、顕定の死を契機に憲房と結び、政氏・顕実の追い落としを進めたのである。なお、山内家のライバルであった扇谷《おうぎがやつ》上杉朝良《ともよし》は、政氏・顕実と提携している。

管領塚■越後国長森原で自害した顕定の墓で、周辺は現在史跡公園として整備されている　新潟県南魚沼市

古河公方略系図

成氏――政氏――高基――晴氏
　　　　　　├義明――頼淳
　　　　　　└基頼

山内家の争いは、永正八年九月頃には始まっており、上野から武蔵《むさし》へと紛争は拡大した。永正九年六月、憲房方の軍勢が鉢形城を急襲し、わずか三日の攻防で落城すると、顕実は政氏のもとに逃れ、憲房の山内家督・関東管領職《かんとうかんれい》の継承が実現した。古河公方家でも政氏が劣勢となり、高基に古河城を明け渡している。これによって高基は事実上、古河公方に就いた。憲房・高基方が勝利し、新たな体制が始まったことになる。なお、このとき高基の子が憲房の養子となって上杉家に入っている。後の憲寛《のりひろ》である。

この争いで顕実側についた武士に、側近として仕えた惣社長尾顕方《あきまさ》をはじめ、成《なり》田《た》顕泰《あきやす》・白倉備中入道《しらくらびっちゅうにゅうどう》・赤井《あかい》氏・桐生佐野《きりゅうさの》氏らがみえる。一方、憲房側には足利長尾景長《かげなが》・安保《あぼ》丹四郎《たんしろう》・木部隼人祐《はやとのすけ》・寺尾《てらお》左京亮《さきょうのすけ》・小林《こばやし》豊前守《ぶぜんのかみ》らに加え、金山《かなやま》城主横瀬《よこぜ》景繁《かげしげ》もみえる。

足利政氏肖像■埼玉県久喜市・甘棠院蔵
写真提供：埼玉県立歴史と民俗の博物館

政氏に従う桐生佐野氏を攻撃している武将として、長野伊予守がいたことを示す史料があるので（「常陸遺文《ひたちいぶん》」）、長野一族も憲房に従っていた。伊予守は長野憲業であろう。

この戦いに業政がどう関わった

鉢形城跡■長尾景春によって築城され、後に北条氏の拠点の一つになった。四脚門や池などが復元され、現在は史跡公園として整備されている　埼玉県寄居町

上野国衆横瀬氏の居城金山城跡■金山頂上に築かれ、石垣が見事　群馬県太田市

かはわからないが、永正九年頃には十五歳前後になっていたので、憲業の下で初陣を果たした可能性は高い。その後、憲業は永正十一年に吾妻郡で討ち死にしたが、業政はその場面に接していたかもしれない。

■惣社長尾氏の謀反を鎮圧■

つづいて、前述したように、大永四年（一五二四）に方業に関わる惣社長尾氏との戦いが起こる。その経過を、背景とともにみておこう。

大永年間に入ると、北条氏の北進が本格化し、大永三年までに、これまで扇谷上杉氏の支配領域であった相模《さがみ》東部、さらに武蔵南部・多摩《たま》地域などにまで及んだ。翌四年には、扇谷家の本拠地江戸《えど》城・河越《かわごえ》城まで攻略している。早雲《そううん》（伊勢《いせ》宗瑞《そうずい》）の子氏綱《うじつな》が北条氏を称したのもこの頃で、同氏は鎌倉北条氏の名跡を継承し、関東征服を進める根拠としたのである。

上野国内でも、すでに大永二年に軍勢の動きがみられる。前出の仁叟寺に、これに関する大永二年十月～十一月付の禁制《きんぜい》・制札がある（「仁叟寺文書」）。禁制は、武将が配下の軍勢らの濫妨《らんぼう》・狼藉《ろうぜき》などの行為を禁じた命令であり、軍勢の侵攻が予想される地域の寺院や村々が、被害を蒙らないために求めたものである。このとき、仁叟寺に平某・某・上杉朝興《ともおき》・某宗廉《むねかど》・某隆世《たかよ》らが禁制を発給している。このうち

上野の名刹仁叟寺の楼門■群馬県高崎市

麻場城跡の空堀■上野国衆白倉氏の居城で、近くの仁井屋城と合わせて白倉城とも呼ばれる　群馬県甘楽町

二通目の某が、長野業氏の可能性がある。なお、宗廉は成田顕泰であろう。これらの人々は憲房に従った人々である。

それに先立って、大永二年三月には室田の長年寺にも禁制が出されている（「長年寺文書」）。出した人物は「平」とあるのみで、実名もなく特定できない。いずれにしても、長野氏の拠点まで軍勢は行きかい、戦乱が起こりうる状況にあったのであろう。

この時期、扇谷家は本拠地を奪われて存亡の危機に瀕していた。そこで、扇谷朝興は古河公方家の内紛で敵となった憲房と和睦し、さらに軍事的な支援を求めた。その模様は、大永四年十一月二十三日に北条氏綱から越後の長尾為景に送られた書状に詳しい（「上杉家文書」）。それによると、憲房は朝興支援のために上州衆を率いて、十月十日に北条方の毛呂《もろ》城を攻めた。氏綱も毛呂城救援に向かったが、途中で足利長尾憲長《のりなが》・藤田右衛門尉《ふじたうえもんのじょう》・小幡《おばた》氏らが和談交渉のために来陣した。そして和議が成立し、毛呂城を上州衆に引き渡したという。

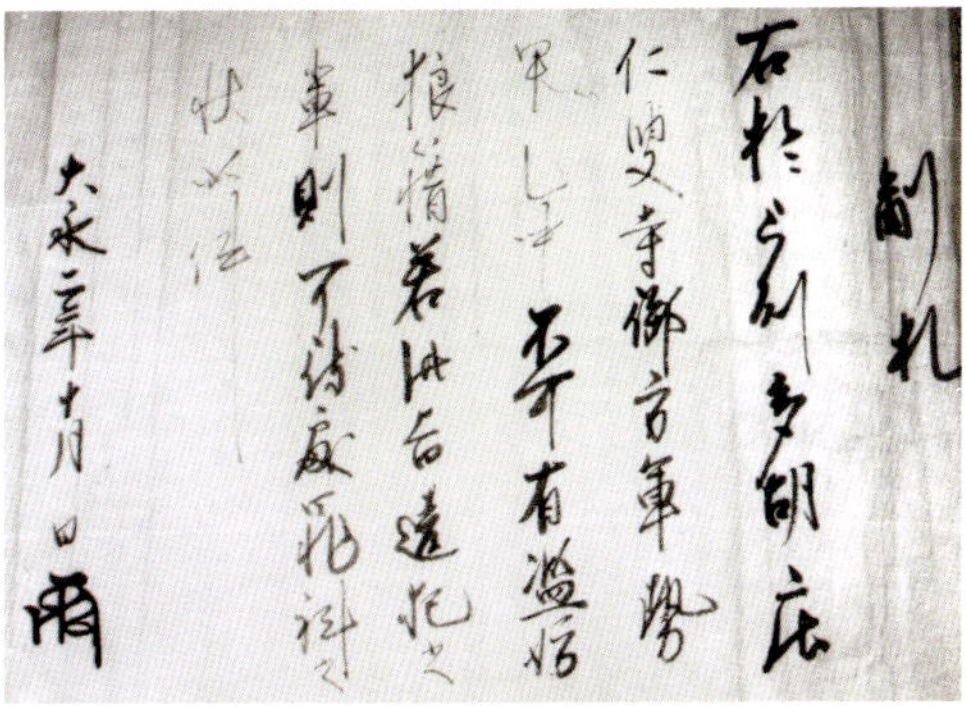

大永二年十月日付け某制札■花押が長野業氏のものである可能性がある　仁叟寺蔵　群馬県立文書館所蔵の写真帳より撮影

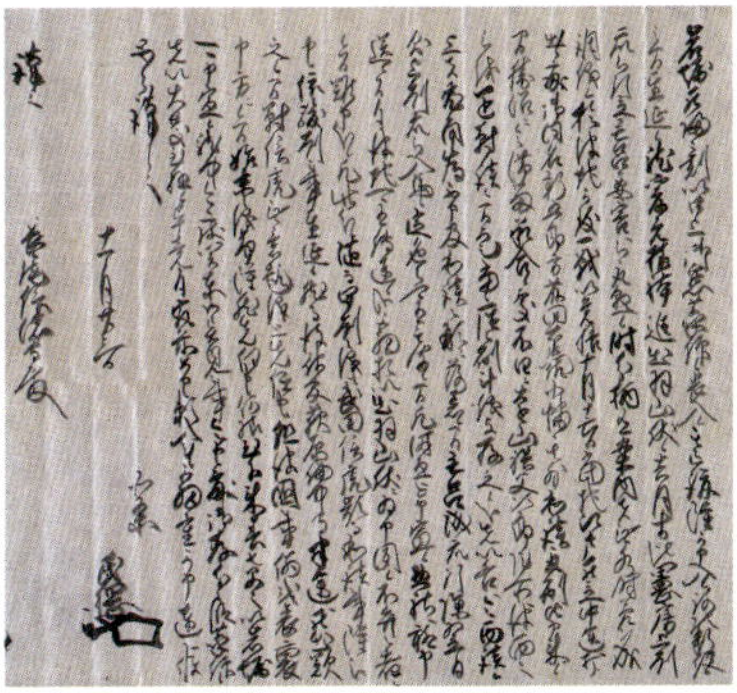

（大永四年）十一月二十三日付け北条氏綱書状■上杉憲房が上州衆を率いて毛呂城を攻めたことが記される「上杉家文書」米沢市上杉博物館蔵

毛呂氏館跡■武蔵国毛呂の領主毛呂氏の居城　埼玉県毛呂山町

この書状では、氏綱が味方についた惣社長尾顕景から連絡があったことも伝えている。北条方は越後の長尾為景と連携し、惣社長尾氏を味方に引き込み、憲房の動きを制しながら、扇谷領に侵攻していたのである。憲房が率いた上州衆として小幡氏がみえるが、長野氏はみえない。長野氏は上州に留まって別の任務についていたのである。それが、前に述べた北条氏と連携して憲房に叛く惣社長尾氏への報復であった。よって、その流れをみておこう。

方業は、十一月十七日に徳雲軒性福に書状を送った。その書状で、方業は「御覚悟のほどはよくわかりました。顕景《あきかげ》と景誠《かげのぶ》の身柄と所領は当方に任せてもらうことについて、誓詞《せいし》をもって申した通りで、八木駿河入道の了解もとっています。あなたのご意向を誓詞を付けてお届け頂ければありがたい。返事を頂ければすぐに陣所に行き、連絡をおとりします」と述べている。景誠は白井長尾氏の当主であり、同氏も謀反に加担していた。こうして性福は密かに方業に内応する。八木駿河入道は憲房の側近で、方業は憲房の了解も取り付けていたのである。

十二月二日、性福は「その夜、指示していただくべき事」と題した八ヵ条からなる誓詞付きの書状を「箕輪」へ送った。箕輪は箕輪城主方業のことである。内容は、その夜の動きを述べたもので、合言葉を決め、火をかけるとともに郭内に手引きするので、当方の下知に従ってほしいなどの段取りが記されている。

十二月十六日、顕景は越後の長尾為景に書状を送った。この書状で顕景は、陰謀

元総社蒼海遺跡出土の青磁の壺■総社蒼海城の遺構はほとんど残っていないが、同城域を含む遺跡からは多くの遺物が見つかっている　写真提供：前橋市教育委員会

が露顕したので同月七日に性福を殺害したこと、当方と景誠の身柄についてお屋形様に申し開きをしている最中に、長野氏から予想もしなかった攻撃にさらされて落城しかねない状況である、それを防ぐため、足軽を二百人ほど加勢に遣わしてほしいことなどを伝えている。方業と性福による陰謀は未然に露顕してしまったが、その後は軍勢による力攻めとなったことがわかる。

方業が述べた陣所は、惣社蒼海《おうみ》城を攻めるために構えた陣地であろう。書状には向要害ともみえる。攻撃方は各所に要害を施した陣所を設定して城を囲んでいた。方業とともに厩橋宮内大輔も攻撃に参加していたが、これは厩橋長野賢忠のことで、賢忠が日夜激しく攻撃を仕掛けてくると述べている。

なお、これらの書状の中で、「去年の秋の草津湯治以来」という文言がみえ、このとき顕景・景誠・為景らは草津入湯を口実に、何事かを語らっていた。加えて、このとき長年寺の長老も同席していたという。三人は長尾一族であり、常日頃から協力関係にあった。顕景・景誠は為景の仲介を得て事態の解決を図りたかったので、為景や長年寺の長老に和解の仲介を頼んだのであろう。長年寺長老は室田長野氏とは昵懇の仲であろう。室田長野氏は、方業らとは異なる立場にあったかもしれない。

顕景・景誠らは、山内家の打倒まで考えていたとはみられない。方業・賢忠が惣社への攻略を積極的に仕掛けていることなどから、長野一族との軋轢が発端となった可能性も考えられる。惣社の地は厩橋と箕輪に挟まれていた。一方、この頃山内

（右）総社地域のシンボル総社神社　（左）総社蒼海城の土塁跡に建つ御霊神社■ともに群馬県前橋市

家中において両長尾氏の地位は低下しており、顕景・景誠はこれらの不満から、北条・越後長尾氏に同調したのであろう。その結果、長野一族の挟撃によって落城寸前まで追い込まれたのである。ただし、最後に降伏が受け入れられたとみられ、両家はその後も存続が許されている。

この戦いで、長野一族の地位は高まった。業政がこの戦に参陣したことを示す史料はないが、このとき二十代の後半である。長野氏の総力をあげた戦いである以上、陣頭に立ったことは想像に難くない。なお、白井長尾景誠の妻は業政の姉、方業の娘であった。この婚姻はこの戦の後のこととみられる。長尾家は業政の姉妹を娶ることによって、長野氏との関係修復を図ったのであろう。

山内上杉家の家督をめぐる憲寛と憲政の争い

上杉憲房は、大永五年（一五二五）に没した。養子憲寛（憲広《のりひろ》）がその跡を継いだが、ここで再び家中の騒動が勃発する。憲寛は足利高基の子で、憲政が幼少であったため、成人するまでの中継ぎとなったとされるが、疑問もある。憲政が生まれたのは憲房の晩年であり、この間、憲房が後継者を求めなかったとは考えられない。憲寛が養子となった時期は、憲房が高基と手を組んで家督を奪った直後、もしくはそれほど時間が経過しない時期であろう。憲寛を後継者に据えて数年経過した後、憲政

江戸時代の版本「北条五代実記」に描かれた上杉憲政■当社蔵

が生まれたものと考えられ、継嗣争いが生じやすいパターンである。

この頃、憲寛はすでに元服し、ひとかどの武将として活動していた。憲房が没する直前の大永五年三月十日頃、憲寛は武蔵の菖蒲《しょうぶ》要害（埼玉県久喜市）攻めに出陣していた（「上杉家文書」）。菖蒲城主佐々木氏は古河公方の奉公衆《ほうこうしゅう》であったが、この間、北条氏方に転じていた。憲寛は、実家の古河公方家を援けるためこの戦いに参加していたが、憲房の名代をつとめていたのであろう。

その直後、憲房が没し、憲寛が当主となった。翌大永六年九月十三日、憲寛は雄《すさ》進《のお》神社（高崎市）の神官高井左衛門大夫《たかいさえもんたいふ》に書状を送り、出陣祈祷《きとう》の巻数《かんず》が到来したことに謝意を表している（「高井文書」）。武蔵南部では、北条氏と扇谷朝興との間で激しい攻防がおこなわれており、憲寛の出陣は朝興の救援のためであった。憲寛・朝興は、十一月頃に玉縄城《たまなわ》（神奈川県鎌倉市）を攻撃し、鵠沼《くげぬま》（同県藤沢市）まで進出している。安房《あわ》の里見《さとみ》氏が鎌倉に侵入し、鶴岡八幡宮を焼いたのはこのときであった。両上杉氏は、この段階では江戸城を奪われたとはいえ、北条氏を圧倒していたのである。

その後、しばらくの間山内家の動きを示す史料はみえないが、「喜連川判鑑《きつれがわはんかがみ》」に、享禄四年（一五三一）九月三日の事として、「山内上杉憲政、憲広に代わりて管領職と成る」とみえ、憲寛に代わって憲政が家督を掌握したことがわかる。なお、この頃、憲寛は病を患っていた。年未詳の三月十七日付の憲寛書状では、「不例《ふれい》（病気）

円満寺■上杉憲実が上野国平井に退去した折に、鎌倉の極楽寺を再建したのが同寺であると伝わる

憲房を含む山内上杉氏歴代の墓■群馬県藤岡市・円満寺境内

で体調不安である」と伝えている（「相州文書」）。管領の座を退いた憲寛は上総《かずさ》宮原《みやはら》（千葉県市原市）に移り、晴直《はるなお》と改名して、宮原《みやはら》御所《ごしょ》と呼ばれるようになった。

憲寛から憲政への代替わりは、憲寛の病が原因のようにみえるが、実は権力闘争の結果であった。「本朝《ほんちょう》通鑑《つがん》」に関連する記事がある。同書は、寛文十年（一六七〇）に江戸幕府が編纂した漢文《かんぶん》編年体《へんねんたい》の日本の通史であるが、続編に中世の部分が載っており、享禄二年（一五二九）条に次の記事がある。

正月二十四日　長尾八郎が一族の長尾景誠を疎んじ、ひそかに矢野氏に殺害させた。

八月十四日　上杉憲寛が安中《あんなか》城を攻めた。扇谷朝興が止めたが、憲寛はきかずに兵を送った。

九月二十二日　憲寛の配下であった西氏・小幡氏らが背き、憲房の実子憲政を立てた。憲政はこのとき竜若《たつわか》と称していたが、山内家を継ぎ、憲寛を安中で破った。憲寛は程田に移り、このとき長野一族が憲寛に従った。

これらの記事には根拠となる出典がみえず、信憑性に問題はあるものの、このとき憲寛と憲政の間に武力抗争が発生したのは事実であった。

まず、この年の正月二十四日、長尾八郎が白井長尾景誠を家臣矢野氏に命じてひそかに殺害させたことがみえる。この事件に関して、「雙林寺伝記」*にも同様の

白井長尾氏歴代の墓■白井長尾氏の菩提寺空恵寺の裏山に宝篋院塔が立ち並ぶ　群馬県渋川市

＊雙林寺伝記■雙林寺の開基長尾景仲の伝記と、その子孫で同寺の旦那であった白井長尾氏歴代の伝記の二つから構成されている。

記事がある。それによると、白井長尾景英《かげひで》が大永七年（一五二七）十二月五日に四十九歳で没し、その跡を景誠が継ぐが、景英の四十九日の法事の席で、「野心《やしん》の家来《けらい》」に殺害されたという。ここでは、景誠の殺害事件は翌年の享禄元年に起こったとし、一年の違いがある。内容は同じなので、どちらかが誤ったのであろう。

その後、景誠の母が箕輪城主長野業政の姉であったことから、業政が白井に赴いて長尾家の家臣らと「志《こころざし》を合わせ」、惣社長尾家から憲景《のりかげ》を招いて継嗣としたという。このとき、業政は三十歳になった頃で、景誠は二十二歳、業政の姉は四十歳前後と考えられる。

憲寛の擁立を支援するも敗北

景誠が謀殺されたことは事実であろう。殺害の犯人とされる長尾八郎は特定できないが、白井長尾氏の一族であれば、家内の争いとも考えられる。一方、白井長尾氏に介入した業政は、憲寛擁立派の先鋒であったことは間違いない。白井長尾家の騒動が、単純な家内の事件であったとしても、同家への介入は憲寛の容認を得てのことであり、同家を憲寛側に留めるためのものである。

前述した大永四年の戦いの結果、白井・惣社両長尾氏は長野氏と協調する立場に立っていたであろう。したがって、景誠の暗殺について、反憲寛派が憲寛の力を弱

白井城跡■白井長尾氏の居城で、利根川と吾妻川が交わる舌状台地上に所在する　群馬県渋川市

めるために景誠を除いたとみるのが妥当と考える。業政が家臣らと志を合わせたとあることから、家中には業政の介入を支持する人々もいたことがわかる。

その後、八月になると、憲寛は安中城攻めを企図し、扇谷朝興がこれを止めたのにも関わらず兵を発した。朝興は北条氏との戦いを優先するため憲寛の加勢に期待しており、混乱を早期に収めたかったのである。しかし、九月に入ると西氏・小幡氏が叛旗を翻し、憲政を擁立して憲寛の安中陣を攻め破り、憲寛は安中から程田に退いた。程田は長野郷内の保渡田《ほどた》であろう。

このとき長野一族が従っているが、保渡田に退避していることから、憲寛を擁立していたのは箕輪長野氏である。ここは箕輪城の東南四キロほどの場所で、方形館を要害化した保渡田城址がある。惣社長尾氏の居城惣社城にも近く、この時点では最も安全な場所であったとみられる。

安中城の攻防戦が、どのような状況でおこなわれたかは不明であるが、安中氏と長野氏の抗争を伝える伝承がある。それが、岡山藩に仕えた上泉治部左衛門《かみいずみじぶさえもん》が藩に提出した家譜《かふ》で、伊勢守信綱《いせのかみのぶつな》に関する次の記述がある（『岡山藩家中諸士家譜』五、『安中市史』資料編４）。

安中城主と永野信濃守合戦の時、上野国一本の鑓と信濃守方より感状を送り申す事、上野国にその隠れなく御座候、

治部左衛門は上泉伊勢守信綱の子孫で、信綱は長野氏に仕えて長野家の「十六人

（右）上泉信綱の墓　（左）信綱が正親町天皇から拝領したと伝えられる机■ともに群馬県前橋市・西林寺

の鑓《やり》の内」と称されていたが、この戦いの活躍でついに上野国一本鑓と讃えられることになった。安中氏と長野氏の武力抗争はこのとき以外には想定できず、信綱はこの合戦で名声を高めたのである。

「本朝通鑑」以外にも、この頃、西上州で軍勢が動いたことを示す史料がある。享禄三年五月日、左衛門尉という人物が仁叟寺に軍勢や甲乙人《こうおつにん》の濫妨・狼藉を禁ずる禁制（写）を出している（「仁叟寺文書」）。ここから、このとき当地で軍勢の進出が予測されるなどの事態があったことがわかる。左衛門尉については花押影はあるが、誰かは特定できない。これによって、平井城周辺にも軍勢が進出したことがうかがえるが、平井城をどちらが確保していたかは不詳である。

憲寛方として、長野氏以外に高田伊豆守《たかだいずのかみ》・守山与五郎《もりやまよごろう》・三富平六《みとみへいろく》・寺尾左京亮・土肥某らがみえる。高田伊豆守は菅野《すげの》荘（妙義町）を支配する国衆で、守山氏は高田氏配下の土豪クラスの武士であろうか。三富平六に関し、憲房の側近となった三富新左衛門尉がおり、上杉被官であろう。寺尾氏は高崎市寺尾町を本貫とし、伊豆国守護代に抜擢されたこともある国衆である。土肥氏は相模の武士であろう。

憲政はこのときまだ幼児にすぎず、自ら判断を下せる年齢ではない。したがって、この間のことは取り巻きの人々が謀ったことである。憲政の擁立を推進したのは安中氏であり、西氏・小幡氏らもこれに同調していた。山内家の後継者について、これまでは長尾一族が主導し、寺尾氏なども関わってきたが、彼らの力は弱体化して

（右）安中氏の本拠安中城跡　（左）小幡一族の長根氏の本拠長根城跡■ともに群馬県高崎市

いた。それに代わって、安中・小幡・長野氏らが山内家政を動かす存在となったのである。

安中氏は、越後国新発田《しばた》から移住したとされる（「和田記」）。山内家の当主で越後から入った者もおり、安中氏はその家臣として随行し、碓氷《うすい》荘内に所領を与えられて入部した。この時期の安中氏の当主は、宮内大輔顕繁《あきしげ》かその子であろう。小幡氏は長野氏とともに西上州の有力武士団であり、この時期の小幡氏の当主は顕高《あきたか》である。顕繁・顕高は上杉顕定の偏諱《へんき》（名前の一字付与）を受けた人々であり、憲房時代には冷遇されていたのかもしれない。

西氏については、該当する武士名もみられず不詳とされている。そこで考えられるのが、西牧（群馬県下仁田町）を根拠地とする武士である。永禄四年の冬に武田信玄が初めて上野国内に侵攻したとき、「西牧・高田・諏訪の三城」の奪取を松原神社に祈念しており（「松原神社文書」）、西牧に敵対する有力な国衆がいたことが推測される。西牧（下仁田町）は、下仁田《しもにた》から和美《わみ》峠・内山《うちやま》峠を経て信州に至る上野側の拠点でもある。天正十八年（一五九〇）に豊臣秀吉が北条氏を攻めたとき、松《まつ》井田《いだ》城の落城とともに「西牧城の高田が城を明け渡す」とみえ（「伊達家文書」）、このときの西牧城主は高田氏の一族であったことがわかる。西牧氏は高田氏の有力庶家ともみられ、高田氏も一族内の対立が生じたのであろう。

山内家の内紛と同時に、古河公方家においても内紛が生じていた。古河公方家で

（右）山内上杉氏の居城平井城跡の土塁
（左）復元された同城の橋と堀■群馬県藤岡市

は永正期に政氏とその子高基の対立があったが、高基とその子晴氏《はるうじ》もまた対立していた。両者の対立は享禄二年頃に起こり、同四年六月には晴氏の勝利によって終結した。晴氏側には宇都宮興綱《うつのみやおきつな》・安房の里見義豊《よしとよ》・武蔵の成田親泰《ちかやす》らが味方し、前公方で祖父の足利政氏や*小弓御所《おゆみごしょ》足利義明《よしあき》らも晴氏派であったという。

公方家と山内家の内紛が起こった時期をみれば、両者が相互に関連していたことは疑いない。そのことを直接示す史料はみられないが、両者が無関係に起こったとはとても思えない。内紛は晴氏の元服の直後から始まっているので、まず公方家で対立が起こり、憲政擁立派がそれに触発されて動きを始めたのであろう。憲寛は実兄の現公方高基に従っており、憲政はそれに対抗する人々に担ぎ出され、晴氏派となった。

■憲政への帰順と国衆間の関係修復■

憲政を推戴した安中・西・小幡氏らには恩賞が与えられたと思われるが、これについての史料はない。敗れた憲寛側では、長野氏・高田氏らはその後も活動がみられるが、寺尾・守山・三富・土肥氏らの動きはみられない。これを機に没落・退転した可能性もある。

戦いの具体的な経過は明らかではないが、長野・高田氏が生き残ったところから

*小弓御所■小弓公方とも。父政氏・兄高基と対立した足利義明が、古河公方家から独立して下総国千葉郡小弓城を本拠にしたのが名前の由来。北条氏に攻められ滅亡したが、後に子孫が喜連川家として再興された。

松井田城跡の堀切■戦国期には上野国衆の安中氏や諏訪氏の城であったが、その後、武田・織田・北条の手を転々とし、秀吉の北条攻めにより廃城となった　群馬県安中市

みると、合戦による決着というより、優劣が明確になった段階で、憲寛側についた人々が次々に帰順《きじゅん》するという形を取ったのであろう。長野氏は憲寛を抱えており、最後までその立場を貫いたとみられる。憲寛の上野退去後、憲政への帰参が許されたのであろう。

　戦国期において、大名・国衆*たちは家どうしの関係維持・修復のため、政略結婚を推進した。このときも、婚姻関係が彼らの行動に影響を与える一方、戦後の関係改善のためにも通婚がおこなわれた。業政を例にとると、業政の娘のうち十二人が国衆の妻となっているが、これはこのときの国衆の動向や、その後の関係修復にも関わっている。

　たとえば、今回の関係者として名がみえる小幡上総介・同図書之介《としょのすけ》・成田下総守《しもうさのかみ》などに嫁いだ業政の娘がいる。小幡上総介は顕景の子憲重《のりしげ》（尾張守《おわりのかみ》）、図書助は小幡氏の有力な庶子《しょし》である。憲重と業政の娘との婚姻は天文期中頃であろうか。そうであれば、長野氏と小幡氏の和睦のためにおこなわれた政略結婚となる。成田下総守は晴氏・憲政派であった親泰という人物で、武蔵国忍《おし》城主である。

　安中氏との関係では、安中重繁の妻について、沼田顕泰《ぬまたあきやす》の娘（「沼田氏系図」・「加沢記」）とともに、長野氏の娘（「長年寺系図」）がみえる。これより、いつかは不明であるが、安中氏は長野氏から妻を迎えた可能性がある。また、高田繁頼《しげより》の妻は安中越前守の娘である（「寛政重修諸家譜」）。この場合も敵対した家どうしの通婚とな

小幡氏歴代の墓所■上野国甘楽郡の領主で、国峰城を拠点に周辺に勢力を伸ばした　群馬県甘楽町・宝積寺境内

*国衆■一定度の領域を一円的に支配するも、政治的・軍事的に独立はできず、戦国大名に従属する領主のこと。

る。これらの通婚に上杉氏がどう関わったかはわからないが、上杉氏も認めていたであろう。国衆間の関係修復は上杉氏にとっても歓迎すべきものであった。

業政は、青年期に山内家の内訌を二度も体験した。これらの戦いに一族が動員され、傷つき死んだものもいた。対立の後には関係修復のための交渉や通婚があり、二度目の内紛では敗れて苦渋を飲んだこともあった。業政はこのような体験を経て、武将としての地位を築いていったのである。

上杉憲政木像■群馬県みなかみ町・建明寺蔵

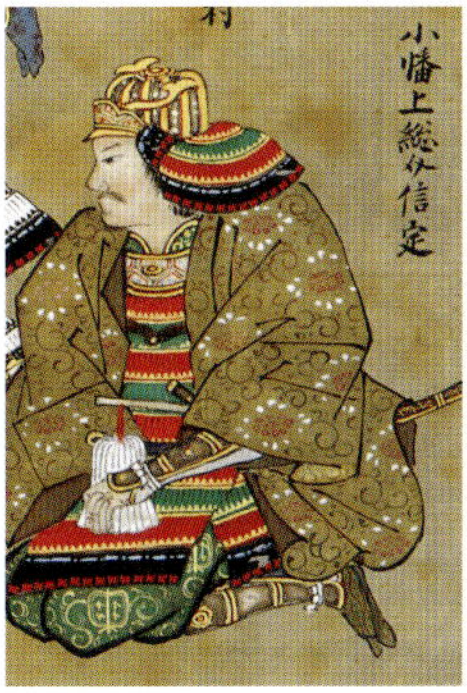

「武田二十四将図」に描かれた小幡信定（実）■憲重の子で、武田家の重臣となった　柳沢文庫蔵

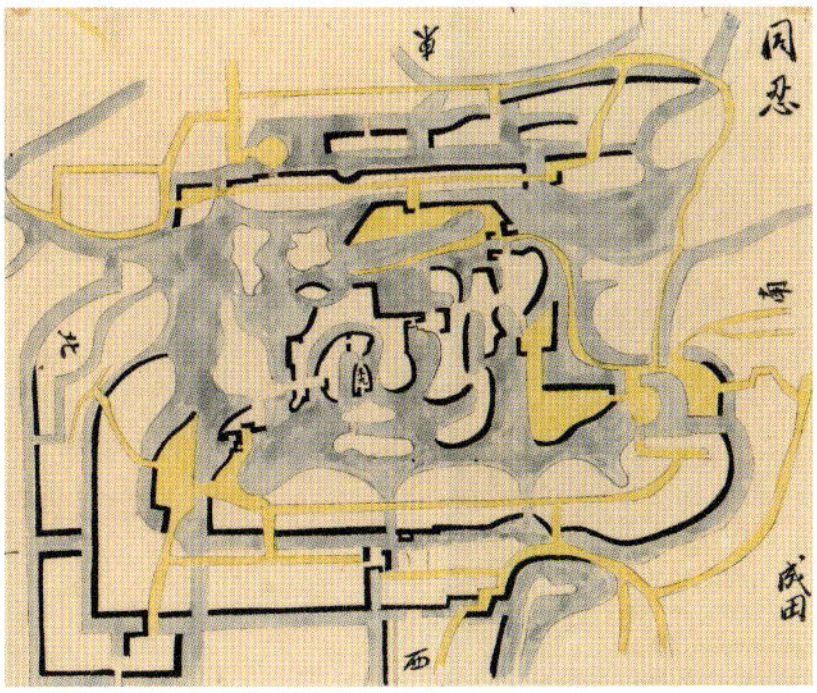

「近世城図」に描かれた忍城■武蔵国の国衆成田氏の居城で、豊臣秀吉の小田原攻めに際して水攻めをされたことで著名である　当社蔵

第三章
河越合戦・佐久合戦での活躍

業政を頼った真田幸綱

上杉家中の紛争に勝利した憲政の次の課題は、北条氏の北上をいかに阻止するかにあった。天文二年（一五三三）二月、鶴八岡幡宮《つるがおかはちまんぐう》の神主であった大伴時信《おおともときのぶ》は、安房里見氏の攻撃によって焼かれた八幡宮の再建の奉加金《ほうがきん》（寄付金）を集めるため、武蔵・上野をめぐっている（「快元僧都記《かいげんそうずき》」）。

このとき、上野国衆の多くが喜捨《きしゃ》に応じたが、憲政は「扇谷家を扶けるため」と称して断ったという。この事業は北条氏綱によって進められており、扇谷家と連携する憲政としては、神社の再建とはいえ、北条氏と協調することにためらいがあったのであろう。

しかし、扇谷家の没落はすでに目前に迫っていた。扇谷朝興は北条氏に対抗するため、山内家の後援に期待する一方、甲斐武田氏・小弓公方足利義明や安房里見氏らとも連携して、一進一退の攻防を繰り返していた。ところが、天文六年四月、朝興は享年五十歳で没し、わずか十三歳の朝定《ともさだ》が家督を継承した。これにより、扇谷・

鶴岡八幡宮■源氏ゆかりの関東を代表する神社で、それぞれの時代で為政者たちの信仰を集めた　神奈川県鎌倉市

山内家ともに幼い主君に率いられることになったのである。

天文六年七月、朝定は武蔵府中に進出したが、北条方との合戦に敗れ、逆に本拠の河越城に迫られた。朝定は叔父朝成《ともなり》や上州の兵を送ってこれを迎え討ったが、同月十五日の戦いで再び大敗し、ついに河越城を棄てて松山城に逃れた。これにより扇谷家は本拠であった河越城を奪われ、滅亡の危機に瀕したのである。天文十年七月、朝定は北条氏綱の死というタイミングをついて北条領に侵攻し、河越城・江戸城を攻めたが、ついに奪回することはできなかった。

天文十年には、上野国内で、国衆間の対立から内紛が起こった。この年の秋、深《ふか》谷《や》上杉憲賢《のりかた》・那波《なわ》刑部少太輔宗俊《むねとし》・厩橋長野賢忠・成田下総守親泰・桐生佐野助綱《すけつな》らが共謀し、金山城の横瀬泰繁を攻めたのである（「由良文書」）。原因の一つとして、善《ぜん》・山上《やまがみ》氏らの帰属が問題となっており、彼らはこれまで横瀬氏に従属していたが、この事件の後に厩橋長野氏に心変わりしている。国衆間の勢力争いが根底にあったことは間違いない。

この頃、信濃にも戦国の争乱が押し寄せていた。甲斐の武田氏が信濃に進出し、有力な武将がいない佐久《さく》・小県《ちいさがた》地方はそのターゲットになっていたのである。天文十年五月十四日、武田信虎《のぶとら》とこれに同調する村上義清《むらかみよしきよ》・諏訪頼重《すわよりしげ》らが小県郡に進出し、海野棟綱《うんのむねつな》・禰津元直《ねつもとなお》を破った（海野平《うんのだいら》の戦い）。敗れた海野一族らは、山内家を頼って上州に逃れたという。棟綱を迎え入れた憲政は、同年七月に信濃に兵を

（右）深谷上杉憲賢の墓　（左）深谷上杉氏の居城深谷城跡の土塁■ともに埼玉県深谷市・高台院

真田幸隆（幸綱）肖像■長野県長野市・長国寺蔵

出したが、海野領の回復はできなかった。

真田幸綱《さなだゆきつな》も棟綱らとともに信州から逃れて業政を頼り、箕輪城下に居住していたという。松代《まつしろ》の長国寺《ちょうこくじ》は伝《でん》為晃運《いこううん》を開祖とするが、このとき幸綱が晃運と箕輪の宿所で知り合い、そのときの約束で真田に建立した寺（長谷寺《ちょうこくじ》）から始まったとされる。また、武田信玄は幸綱が箕輪にいることを山本勘介《やまもとかんすけ》から聞き、招いて家臣に取り立てたともいう。

これに対し、長野原町の雲林寺《うんりんじ》の伝承によると、幸綱は羽尾《はねお》氏のもとにいたときに晃運と出会ったとされる。晃運は後閑《ごかん》（群馬県安中市）の長源寺《ちょうげんじ》九世為景清春《いけいせいしゅん》の弟子で、清春は雲林寺の開山でもある。

それでは、幸綱が箕輪城の業政のもとに来たのはどのような事情からであろうか。幸綱と業政がそれ以前に直接見知っていた可能性もあるが、仲介した人物がいたと考えるのが適当であろう。そのような人物として、羽尾幸全《こうぜん》という人物が考えられている。羽尾氏は長野原町の羽根尾城主であり、真田氏と同じ滋野《しげの》姓を称していた。幕紋《まくもん》も六連銭《むつれんせん》である。幸綱は幸全と昵懇の間柄で、幸全の娘を娶っていたともいう。

山本勘助の墓■川中島の戦いで討ち死にしたとされ、千曲川沿いの勘助塚と呼ばれる地に墓が建立されたが、後に現在地に移された　長野県長野市・信州柴阿弥堂

滋野一族が用いた六連銭

一方、羽尾氏は箕輪衆の一員として業政との関わりがあった。幸綱は幸全や晃運との関係から業政に結びつき、さらにそこから憲政に近づこうとしたのである。

「加沢記《かざわき》」によると、業政は幸綱を平井《ひらい》城に連れていき、憲政との対面を実現させた。このときの対面は平井城内の黒書院《くろしょいん》でおこなわれた。憲政配下の大名・小名が左右に控えていたが、左に白井長尾憲景、右に業政が座したとみえる。御礼が済んだ後、松の間の座敷で宴会があり、大名衆との挨拶がおこなわれた。対面の後、箕輪に帰ると、幸綱の嫡子信綱《のぶつな》が憲政を「うつけたる大将」と決めつけ、山内家の将来は暗いと言い放った。これを伝え聞いた武田信玄は、原隼人《はらはやと》を通じて幸綱を甲府に招いたという。

「名将言行録」などによると、業政は幸綱が密かに信玄のもとに赴こうとしているのを知りながらこれを見逃し、それどころか馬を贈り、家臣を付けて見送らせたという。どこまで真実かはわからないが、業政が浪人中の幸綱の世話を焼いたのは事実であろう。

■虚実にまみれた河越合戦■

山内家と北条氏の最後の決戦の場となったのが、河越であった。中世の河越城は関東平野の真ん中の平坦地に築かれた城である。河越台地の北端に位置し、その縁

「山本勘助、佐奈多弾正忠を説く」■山本勘助が真田幸綱に武田家臣となるように説く場面 「絵本甲越軍記」 当社蔵

真田幸綱の墓■妻河原氏・子息昌幸の墓とともに並んでいる。中央の石塔が幸綱の墓 長野県上田市・長谷寺

今川義元木像■静岡市・臨済寺蔵

辺部を流れる赤間川《あかまがわ》を天然の要害としている。北条氏康はこの城を奪った後、重臣の北条綱成《つなしげ》を入れて守らせていた。

天文十四年（一五四五）、憲政は河越城を奪回するために軍勢を発した。古河公方晴氏を担ぎ出し、坂東八ケ国から多くの軍勢を結集させたという。

戦の発端となったのは、北条氏と駿河《するが》今川《いまがわ》氏の対立である。両家は以前から駿河東部の河東《かとう》地域をめぐって対立し、今川義元《よしもと》は同年七月に駿河に兵を進めた。これは、憲政とともに北条氏を東西で挟撃するものであり、北条氏にとって最悪の状況となった。

そこで氏康は、武田信玄に提携を持ちかけた。武田と北条の同盟は、すでに天文十三年頃に秘密裡に成立していたという。このとき信玄は、今川氏への加勢のため河東地域に参陣していたが、ここで氏康の要請を受け、義元に北条との和睦を勧めた。この話は順調に進展し、九月二十二日に「*矢留《やどめ》」となって妥結した。十一月には、氏康がこの地域の拠点城郭である長久保《ながくぼ》城を今川方に引き渡している。

その後、今川・北条とともに、山内家も加えた和睦が進められたが、北条と今川

今川義元の墓■今川氏親の子で、兄で当主の氏輝の死後、家督を相続し、勢力を拡大した。永禄三年（一五六〇）の桶狭間合戦で織田信長に敗れ、戦死した　愛知県豊明市・桶狭間古戦場公園

今川義元花押

は和睦して合戦を止めたものの、山内家と北条の対立は解消しなかった。

　憲政は、九月から翌年四月まで河越城周辺に陣を敷き、河越城攻めを続けた。足かけ二年となるが、実質は半年である。このとき、上杉方がどれだけの軍勢を擁していたかはわからない。記録類には八万人とあるが、これは誇張であろう。合戦の直前には、扇谷家重臣の岩槻《いわつき》城主太田資顕《すけあき》が北条方に寝返っており、両上杉陣営に余裕があったとは考えられず、半年間の攻撃で城を落とすことはできなかった。その後、北条の援軍が到来し、ずるずると決戦に持ち込まれてしまったのが真相であろう。

　撤兵するという選択肢もあったが、若い憲政にとって、簡単にそうするわけにはいかなかった。したがって、北条方は最も有利な時期を選んで決戦に臨むことができたのである。氏康は天文十五年四月十七日に小田原から出陣し、決戦は四月二十日におこなわれた。

　決戦の結果、憲政の馬廻衆《うままわりしゅう》（親衛隊）の倉賀野三河守《くらがのみかわのかみ》をはじめとして三千余人が討ち取られ、上杉方が惨敗することになる。北条方の圧倒的な勝利は、夜戦と北条側の作戦の巧妙さにあったとされるが、これらは軍記物《ぐんきもの》にみえるのみで、事実とは考えられない。

　少数の北条方が一か八かの大勝負に出なければならなかったのであれば、そのような展開も想定できるが、北条方がそのような賭けに出る必要はなかった。氏康は

矢留■合戦の折、矢を射ることを中止して、一時休戦すること。

「氏康公扈従辨千代をして川越の城に使せしむ」図■河越合戦の一場面を描く江戸時代の版本「北条五代実記」当社蔵

駿河に進出した兵を引き戻し、休養も取ったうえで、万全の態勢で臨んだはずである。夜戦は危険が大きく、平常の野戦で十分であった。北条方の主目的は河越城の確保であり、危険を犯す必要はなかったのである。

一方、直属軍だけでは北条方に及ばないものの、晴氏傘下の兵を加えれば、憲政は相当数の兵力を抱えていた。ただし、大軍で城を包囲しており、進出してきた新たな北条軍の主力に対応できたのはその一部であった。そうみると、実際の戦いは両上杉氏の馬廻衆を中心とする部隊が北条軍の進撃路に出て、その進出を止めるという形になったとみられる。北条方の主力が参陣した以上、もはや河越城の奪回は不可能であり、実際にはこれ以上の戦いは無益であったのである。

さて、北条軍と両上杉直属軍の一部がある程度の戦闘をおこなったことは想定されるが、それは雌雄を決するような戦いではなかった。結局、大軍を催しながら城を奪取することはできず、局地的な交戦の結果、撤兵した上杉方に敗北というイメージが強く残ったのであろう。その後、短期間で没落したため、憲政には凡将としての評価が定着し、山内方の惨敗という物語が作られたとみられる。

この戦いには長野一族も出陣したとみられるが、どこでどのような活動をしたかは定かではない。系図①によると、業政の嫡男吉業《よしなり》はこの戦いで手傷を負い、箕輪に帰城して死んだとみえる。ただし、系図①には天文二十一年に死んだとみえ、河越合戦のことは触れていない。

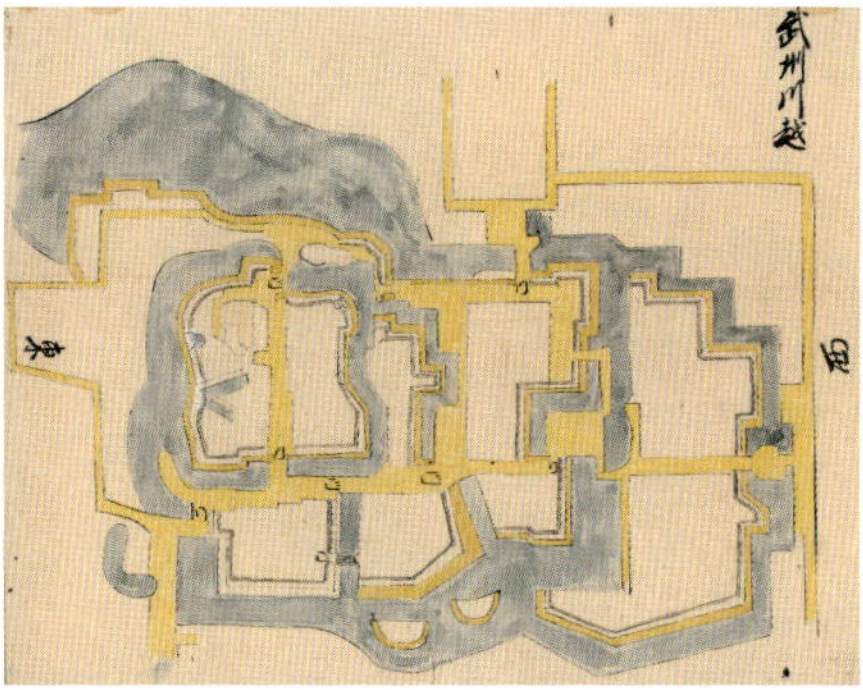

「近世城図」に描かれた河越城■当社蔵

河越夜戦跡の碑■河越夜戦は著名であるが、実際に夜戦がおこなわれたかは不明である　埼玉県川越市・東明寺境内

■佐久地方をめぐる武田氏との攻防■

つづいて、武田氏が信濃国佐久への進出を企てるが、ここで家中に内紛が生じる。晴信（信玄。以後、信玄とする）が父信虎を駿河に逐い、自ら家督の座を奪い取ったのである。

信玄も佐久侵攻を継続し、天文十二年（一五四三）九月、長窪《ながくぼ》城（長野県小県郡長和町）に大井貞隆《おおいさだたか》を討ち、同十五年五月には内山城（長野県佐久市）に拠った貞隆の養子貞清《さだきよ》を攻めて降伏させた。さらに、翌十六年八月には志賀《しが》城（同前）に笠原清繁《かさはらきよしげ》を討ち、佐久地方を版図に加えた。

武田信玄肖像■山梨県立博物館蔵

憲政は志賀城に後詰めの援軍を送り、八月六日に小田井原《おたいはら》合戦が起こっている。この戦いで上州軍は三千人が討ち取られたという。

近世成立の軍記物に、この頃起こった碓氷峠の合戦に、業政が参陣しなかったという話が載っている。天文十五年十月、山内家の諸将は村上義清と提携し、信玄の隙

長窪城跡の堀切■室町期に築かれたとされ、戦国期には大井氏の一族長窪氏が城主であった。武田氏が入った後は、北信濃に進出するための重要拠点となり、武田氏滅亡後は真田氏の城となったが、上田城の築城にともない廃城となった　長野県長和町

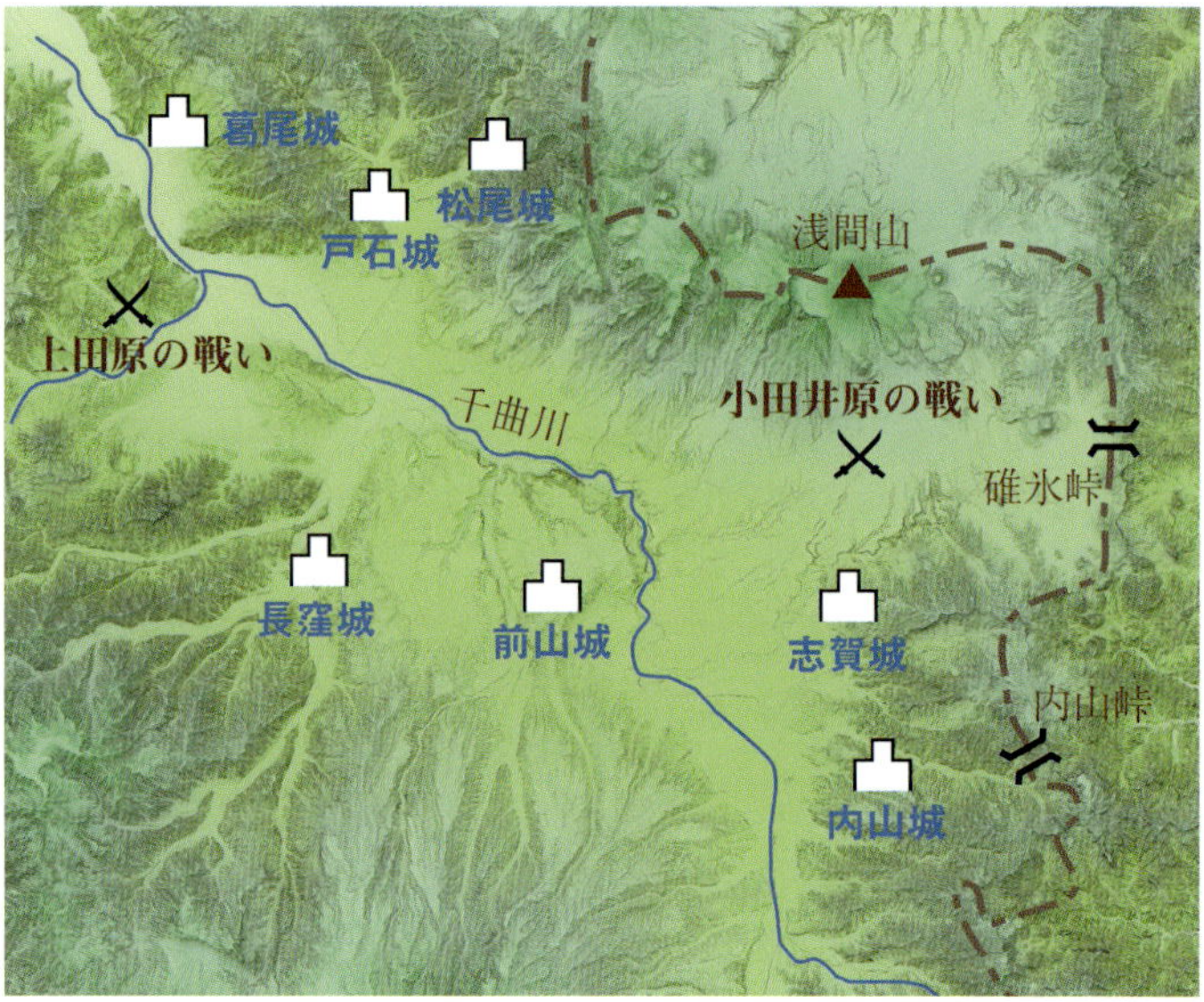

図２　佐久郡・小県郡の合戦要図

をついて佐久を奪回するため兵を送ろうと協議した。これに対し、業政は北条氏との対立が続いている最中、信濃への出兵は無茶であると反対した。そこで、諸将は業政を外して出兵に踏み切り、碓氷峠で交戦の結果、双方に多数の死者を出した。上杉方の惨敗であったともいう。

しかし、話の時期が河越合戦の直後で、山内家が信濃に軍勢を出すことは困難であり、事実とは考えられない。翌年の小田井原合戦をモチーフに脚色を加えたものであろう。

これに関連して、信玄が業政に送ったとされる書状写がある（「極楽院文書」）。内容は、信玄が、「笛吹（碓氷）峠一戦」に業政が同意・参陣しなかったという噂を

志賀城跡の石積み■小田井原の戦いでは城内の士気の低下をねらって信玄が周囲に三千の首を並べたとの逸話が残る　長野県佐久市

笠原清繁後室の墓■志賀城の攻防で敗れ、甲斐に連れ去られたという　山梨県大月市・宝林寺

「上杉麾下将士軍議」の図■武田氏との抗争の中で、軍議を開く山内上杉家の様子を描いたとされる　「絵本甲越軍記」　当社蔵

小幡の小幡尾張守・真田弾正忠から聞き、味方になることを求めたものである。

これは業政の立場を穿《うが》って作られたもので、文書も本物とは考えられない。業政が武田氏についた真田幸綱や小幡憲重らと昵懇であることを前提に創作された話であろう。業政がこの間、実際にどのように動いていたかは不詳である。

佐久を領国に加えた信玄は、次に村上氏・小笠原《おがさわら》氏への攻略を進めた。天文十七年（一五四八）二月十四日には上田原《うえだはら》（長野県上田市）で義清と戦ったが、

上田原古戦場の碑■長野県上田市　写真提供：上田市教育委員会

板垣信方の墓■長野県上田市・板垣神社　写真提供：上田市教育委員会

武田二十四将図に描かれた甘利昌忠■虎泰の子で、虎泰が上田原の戦いで戦死すると家督を継承し、甘利衆を率いた　柳沢文庫蔵

この戦いで武田方は板垣信方《いたがきのぶかた》・甘《あま》利《り》虎泰《とらやす》ら重臣を多数を失って敗れたという。義清はその後も武田氏に激しく抵抗する。この間、山内家は被官小林氏らを送って支援を続けていたが、もはや直接軍勢を出すことはできなかった。山内家が没落した翌年の天文二十二年八月、義清も葛《かつら》尾《お》城を棄てて越後へ逃れた。

軍記物によると、天文十八年年九月三日、信玄は碓氷峠を越えて片岡郡三寺尾（高崎市寺尾町）にまで深々と入り、合戦をおこなった。さらに、弘治三年（一五五七）四月に箕輪城を取り詰めたという。しかし、信玄の西上州侵攻は永禄四年（一五六一）から始まるが、それ以前に自身で上野に侵攻したということは考えられない。ただし、小幡憲重や甘楽郡奥部の市河氏らは以前から武田氏に従っており、上野西南部で両派の小規模な紛争があったことは想定され、業政もその動きに対応していたのであろう。

葛尾城跡■村上氏の居城であったが、村上氏の没落後の動向はよくわかっていない　長野県坂城町　写真提供：坂城町教育委員会

第二部　主家再興をめぐる北条氏との激闘

没落した山内上杉家を再興するため、上杉謙信と手を結び、北条氏を小田原城に包囲する。はたして業政の悲願は達成されたのか?そして、その後の箕輪城の運命はいかに。

北条氏康肖像■小田原城天守閣蔵

第一章 山内上杉家の再興と小田原攻め

■山内上杉家の没落により北条氏に従属■

天文二十一年（一五五二）、北条氏康は上州に侵攻した。このときの上野の状況について、実然《じつねん》という日蓮宗《にちれんしゅう》の僧が書いた「仁王経《にんのうきょう》科《か》註《ちゅう》見聞《けんぶん》私《し》」という聖教《しょうぎょう》の奥書に、細かな記述がある（身延山久遠寺所蔵）。

それによると、氏康は三月までに平井城の南側の防衛拠点・金鑚《かなさな》御嶽《みたけ》城（埼玉県神川町）を攻め落とし、これに呼応して那波宗俊が北条方に付いた。横瀬・足利長尾・桐生佐野・大胡長野・厩橋長野氏らが那波を討とうとしたが、すでにそれは不可能な状況となっていた。つづいて、利根川以西の河西衆も那波氏に同調した。

その中でも、小幡憲重は早くから北条氏に付いており、西上州の国衆ももはや抵抗は不可能と判断したのであろう。さらに、馬廻衆も憲政を裏切り、やむなく憲政は平井城を出て新田・足利へ向かうが、そこでも城内に入れてもらえず、越後に落ちたという。

憲政の越後入りのときには、これに二十六名の武士が従ったという（「米沢藩古代

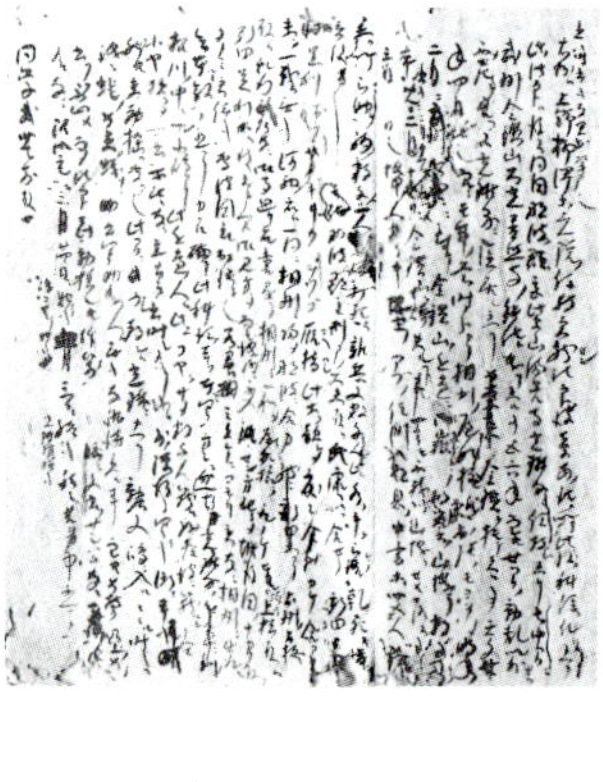

「仁王経科註見聞私」■この部分は上野の戦乱に遭遇した日叙が記したもので、憲政の子龍若丸が北条方に捕まり、殺害されたとの噂などを書き留めている。緊迫した様子をよく伝えており、このときの合戦を物語る貴重な史料である　山梨県身延町・久遠寺蔵

士籍」）。その中に、長尾・小幡・尻高《しったか》・白倉・倉賀野・安中などの上野の国衆がみえるが、長野一族はみえない。

越後に入った憲政は、越後国守護代の長尾景虎《かげとら》に、上野奪回のための援軍を要請する。景虎も支援の姿勢を示したものの、本格的な上野出陣は実現しなかった。その後、憲政は失意のうちに上野に戻り、利根《とね》郡域に留まって反撃の機会を狙った。なお、景虎はその後、政虎《まさとら》・輝虎《てるとら》・謙信《けんしん》と名を変えるが、煩雑さを避けるために、以後は謙信と表記する。

憲政の没落によって、北条氏は上野国の領国化を推進した。たとえば、山内家が掌握してきた守護としての権限を継承し、反抗した武士の所領を奪い取って武功を上げた者に与え、従属した武士に対しては所領を安堵して配下に加えている。

このようにして、永禄元年（一五五八）頃に北条氏の勢力は北毛《ほくもう》（群馬県北部）まで達する。史料にはみえないが、長野一族ももはや北条氏に靡《なび》くしか道はなかった。

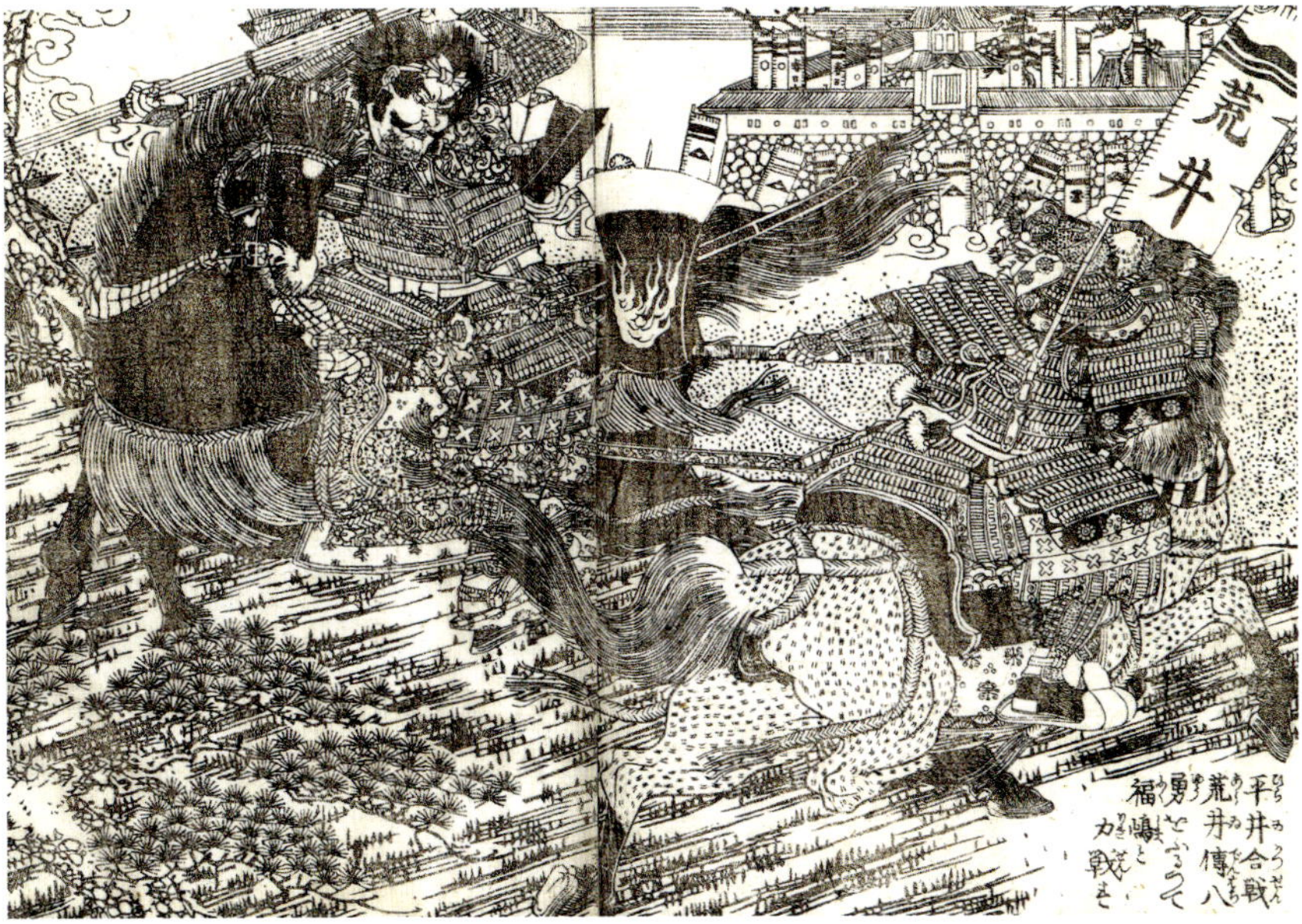

「平井合戦荒井傳八勇をふるつて福嶋と力戦す」の図■山内上杉家が没落した平井合戦の一齣を描く「北条五代実記」当社蔵

その頃、北毛の沼田家中で一族の内紛が起こった。沼田万喜斎《まんきさい》顕泰とその子たちの対立である（「加沢記」・「永井権兵衛書状」）。

まず、顕泰はなにかと反抗的な嫡男を廃嫡し、次男弥七郎則安《やしちろうのりやす》（朝憲《とものり》とも）に家督を譲った。弥七郎は兄の廃嫡を家老小川可葉斎《おがわかようさい》が仕組んだものとみて恨みを抱き、機をみて可葉斎を殺害した。これが、顕泰と弥七郎との間の親子の争いの発端となった。一方、顕泰の妾腹の子平八郎景義《へいはちろうかげよし》を擁立しようという動きもあり、弥七郎も殺害された。さらに、この争いに外部の勢力も加わり、弥七郎側には妻の実家厩橋長野氏らが軍勢を出し、顕泰側には真田薩摩守（矢沢綱頼《やざわつなより》）が加勢した。結局、最後には真田が沼田城を奪っている。

この事件は沼田家中の家督をめぐる争いであるが、根底には、一族内の親北条派と反北条派の対立があったことがうかがえる。最後は、北条氏の進出によって内紛は終結した。その結果、顕泰も逐われ、北条一族の康元《やすもと》という人物が沼田氏の名跡を継いで沼田城主となった。

このとき、憲政は沼田周辺にいたが、北条氏の進出によって退去を余儀なくされ、ここで二度目の越後入りを決行する。このときの越後入りは、前回とは異なって謙信との交渉を経て、条件を確認したうえでのことであった。仲介をしたのは古河公

沼田景義の墓■群馬県沼田市・法城院

平八郎石■殺害された平八郎（景義）を、真田昌幸が首実検するために首を置いた石という　群馬県沼田市・沼田城跡

方晴氏の家臣簗田晴助《やなだはるすけ》で、晴氏の指示もあり、白井長尾・箕輪長野・惣社長尾・武蔵太田氏もこれに同意していたという（「雙林寺伝記」）。業政と両長尾氏は結びついて一定の政治勢力を築き、山内家の復活を進めていたことがうかがえる。

謙信は憲政の身柄を受け入れることを正式に受諾し、永禄元年に憲政は越後に再入国した。翌永禄二年、謙信は上洛して将軍足利義輝《よしてる》に謁見を果たし、このときに謙信は守護待遇の特権を認められ、憲政を補佐することを命じられた。将軍家も関東管領上杉氏の復活に期待していたのである。謙信が関東に野望を持っていたことも否定できないが、周囲の求めによってやむなく関東出兵に同意したのである。なお、憲政と謙信の約束は、謙信の関東出馬の後に上杉の名跡と関東管領職を譲与することであるが、その見返りは、上野一国を憲政に献上するというものであった。

■菩提寺長純寺を再建する■

この間の業政の動向を示すものに、長純寺の移転・再建事業がある。弘治三年（一五五七）四月、業政は亡母芳林院殿花屋理栄大姉の十七回忌を機に、同寺を現在地の高崎市箕郷町富岡に移転した（「長純寺記録」）。

伝承によると、同寺は明応六年（一四九七）に長野信業が緑野《みどの》郡永源寺《えいげんじ》四世幻室《げんしつ》伊蓬《いほう》を開山として、長野郷内下芝の地に建立した寺院である。移転にあたって業政

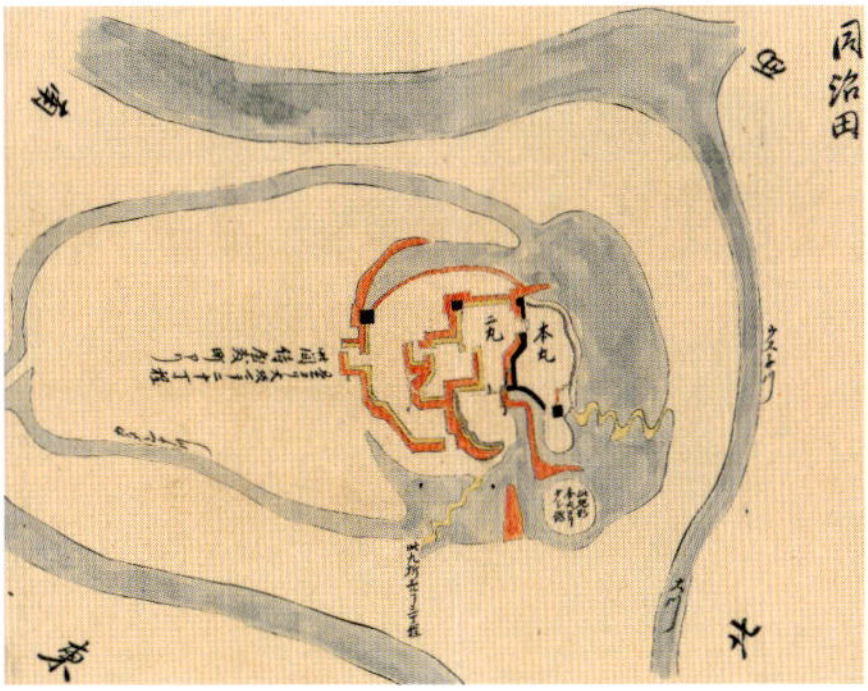

「近世城図」に描かれた沼田城■当社蔵

足利義輝肖像■京都市立芸術大学芸術資料館蔵

は、伊蓬の弟子である天摂玄盛《てんせつげんせい》を住持に迎えたという。なお、長純寺の寺号は業政の戒名「実相院殿一清長 純《じっそういんでんいっせいちょうじゅん》居士《こじ》」に因んだものである。

当寺が寺伝のとおり、明応六年に建立されたとすると、曹洞宗寺院として長年寺に先行して造営されたことになる。開基の信業は、系図類に業政の父とみえる謎の人物で、これが事実であれば、信業は箕輪長野氏の開祖となる。開山とされる幻室伊蓬は、雙林寺の開祖とされる一州 正伊《いっしゅうしょうい》の流れをくむ僧である。また、長年寺の開祖曇英恵応は一州正伊の直弟子である。

「長純寺記録」には、同寺の造営過程も記されている。それによると同年四月二十六日、業政は一族・被官らに造営料の喜捨（寄付）を求め、竹頭院《ちくとういん》左京亮・柴《しば》崎《さき》縫殿助・八木原《やぎはら》隼人佑・大熊右馬 允《おおくまうまのじょう》ら四人をその責任者とした。このうち、竹頭院と柴崎が寺堂の配置を決める「縄量」などをおこない、竹頭院が普請奉行となった。竹頭院は、『箕郷町誌』の同寺の項に「普請奉行下館殿」ともみえる。系図②には、業政の弟の直業《なおなり》が富岡村に住み、「下屋形殿」と称したとあり、左京亮の官途名も一致するので、この人物が竹頭院である。

造営のための喜捨については、梁《はり》あるいは柱を寄進する者がみえる。梁一丁の金額は五十疋、柱一本は三十疋とみえ、梁十四丁・柱七十八本が集まった。合計すると銭で三千疋になる。なお、一疋の換算額は十文である。

（右）長純寺■箕輪長野氏の菩提寺で、信業によって造営された。境内には業政の供養塔もある　（左）長純寺所在の長野業政夫人の供養塔■群馬県高崎市

■長純寺の造営にみえる業政期の長野家中■

「長純寺記録」には、寄進した人々の名もみえる。それによると、梁を寄進した人々は、出羽守（三丁）・左衛門尉・左京亮・須賀谷・大学助・八木原・大熊・小倉・漆原・羽田・長塩らである。羽田・長塩は、二人でもう一本寄進している。

これらの人物を検討すると、八木原・小倉・羽田は渋川市内に（羽田は半田か）、漆原は吉岡町、須賀谷は高崎市菅谷町に地名があり、その地の武士であろう。長塩も漆原付近の武士である。

大熊氏は山内顕定に召し出され、「西上州富岡」に領地を与えられ、ここに居住していたという（「高崎近郷村々百姓由緒書」）。大熊氏は本来上杉家臣であったが、山内家の没落によって長野氏に従ったのであろう。長野郷もすべてが長野氏の所領というわけではなく、大熊氏のような存在もいたことがわかる。

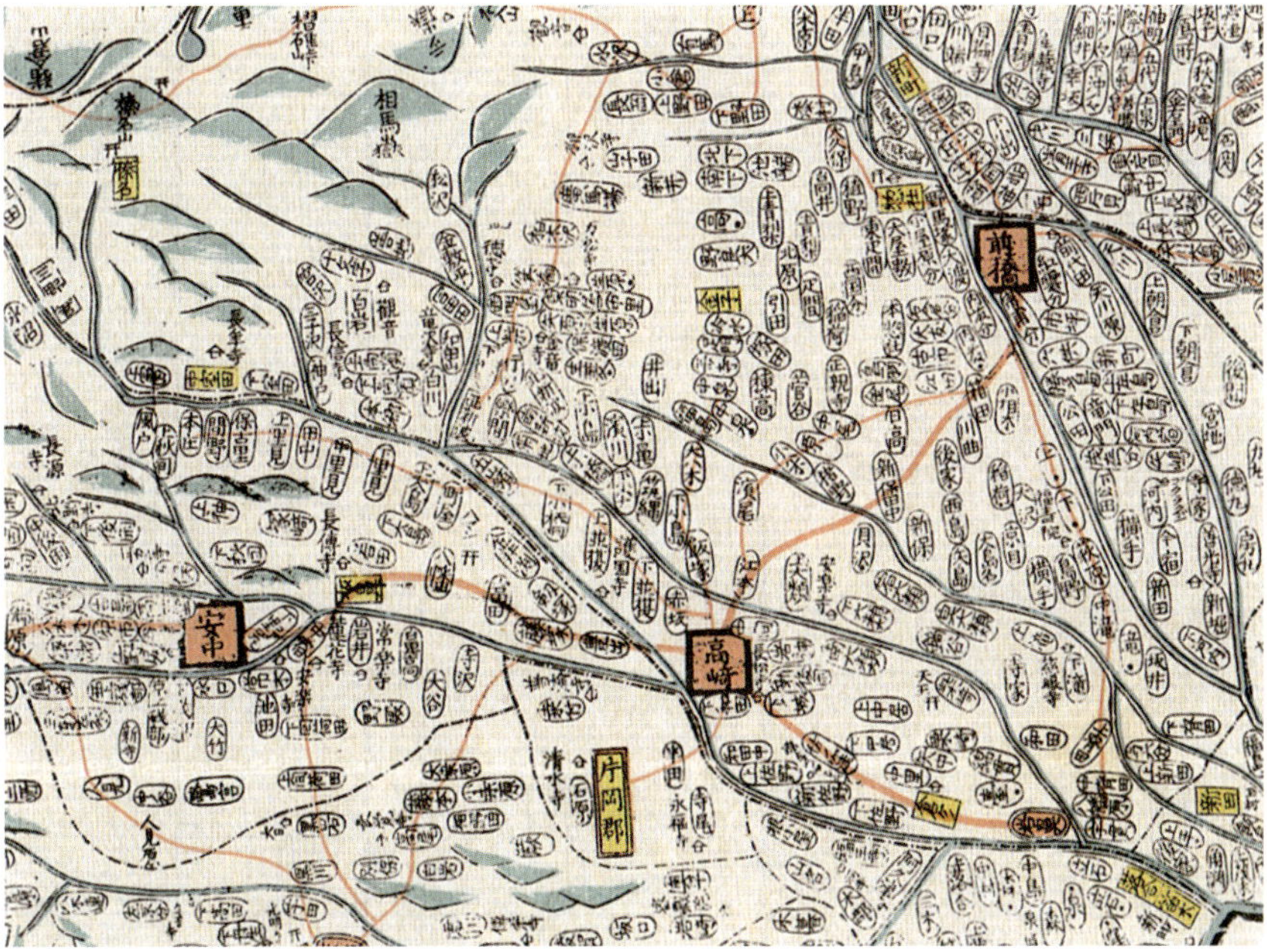

近世に描かれた上野国絵図（長野郷周辺）■長純寺は見えないが、箕輪や浜川等の地名のほか、白岩観音や長年寺なども描かれている　当社蔵

苗字が記されていない人々は、長野一族であろう。このうち左京亮は、前述した業政の弟竹頭院直業である。左衛門尉は鷹留城主の業通《なりみち》の可能性もあるが、後出する浜川氏とみられる。そうであれば、室田長野氏は直接この事業には関わっていないことになる。出羽守について、系図類には方業が出羽守とあるが、方業とは時期が異なる。「彦根藩諸家譜」の長野氏の項に、「上州箕輪城主長野美濃守業正の子出羽守業親」とみえるので、出羽守は業政の庶子で、別家を構えた業親であろう。大学助については関連する史料はないが、須賀谷と八木原の間にみえることから、一族の中でも庶流とみられる。なお、須賀谷・八木原も後述するように長野一族である。

柱を寄進した人々として、内山・下田・松田・下田大膳・源正左衛門尉・松田右馬助・山崎総太郎・長井・松田右馬助・長井彦太郎・神薬師両人・漆原長塩親類中・三ツ寺与四郎と同左近助・佐鳥三人・中泉兄弟、さらに衆として、棟高衆・中泉衆（三本）・本郷衆（五本）・里見衆（三本）野田衆（二本）・室田衆（七本）・足門衆・綿貫（衆）・箕輪衆（中柱三十九本）・富岡衆（中梁十三丁）がみえ、長純寺も自ら柱二十一本を出している。

梁と柱との違いは、地位や身分の相違を示すものとみられる。柱を寄進した人々は、長野氏の被官クラスであろう。内山氏については、白岩長谷寺の天正十年（一五八二）十月日付の宝塔《ほうとう》に、内山播磨守という人物がみえる。松田氏は、連歌師宗長が関東を廻ったときの紀行文「東路《あずまじ》の津登《つと》」に、「はま河と云所に松田加賀

（右）長谷寺（白岩観音）（左）同寺境内の宝塔■群馬県高崎市

守」とみえ、浜川に居住する武士とみられる。下田大膳は長野氏の家老と伝承される。三ツ寺・中泉は高崎市内の地名にみえ、当地の武士とみられる。源正・山崎・長井・佐鳥氏については不詳である。綿貫は高崎市綿貫町に居住する武士とみられるが、ここは箕輪から遠く隔たっている。なお、「長野家中覚書」には綿貫郷に「はるた」という「物主」がおり、長野の譜代と記されている。また、同史料に緑野郡の小林図書も箕輪の被官とあり、各地に長野氏の散在所領があり、家臣が配置されていた。

衆は、地域の土豪たちの集団であろう。里見・野田以外は長野郷内のものとみられる。里見・野田も長野氏の所領（箕輪領）となっていたことにより、寄進に参加したのであろう。室田衆・箕輪衆・富岡衆は寄進量も多く、長野氏を支える旗本衆と考えられる。

さらに、「神薬師両人」という記述がみえるが、神薬は神楽の誤記・誤写であろうか。そうであれば、寺社の祭礼などにおいて舞を奉納する民間の芸能者、里神楽を指すのかもしれない。そのような人々も長純寺の再建事業を支援したとすれば、興味深い。なお、榛東村の大字に神薬師があり、関連が考えられる。

長純寺の再造は、一族・被官らを結集しておこなわれた一大イベントであった。一族でも厩橋や室田長野氏はみえず、直接関係のある人々だけであったので、これが箕輪長野氏の実際の勢力範囲であろう。この事業によって、業政は家中を一つに

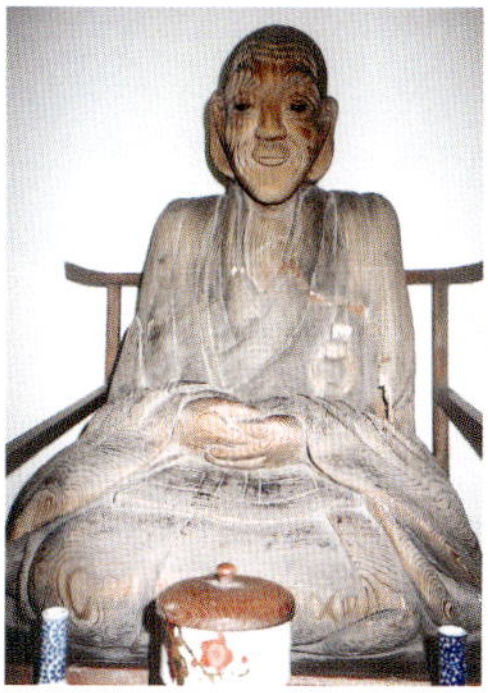

宗長木像■戦国時代の連歌師で、宗祇に師事した。東国を廻国した際に著した「東路の津登」のほか、日記「宗長日記」等も有名である　静岡県島田市・柴屋寺蔵

柴屋寺の庭園■宗長が自ら築庭したと伝わる。庭内の月見石の裏手には宗長と宗祇の墓がある

まとめようとしたのである。

■謙信の上野入りを手引き■

永禄三年（一五六〇）秋、謙信は憲政とともに、越後勢を率いて初めて三国《みくに》峠を越え、上野に入った。越後軍は沼田・飽間《あきま》・岩下《いわした》城などを次々に落とし、厩橋城を攻略して赤石《あかいし》（群馬県伊勢崎市）に入った。謙信はここに陣所を構え、冬を越している。

業政は、白井長尾憲景・惣社長尾景総《かげふさ》とともに謙信に内通しており（「歴代古案」*）、この三人が積極的に越後軍の手引きをした様子がうかがえる。なお、憲景は沼田城攻めにも自ら参陣して武功を上げ、さらに謙信を白井城に招き入れたという。また、相模藤沢《ふじさわ》の清浄光寺《しょうじょうこうじ》の時宗の僧や安中の小林某を用いて、常陸佐竹氏とも交流を持ったともみえる。

謙信は、上野の北条方勢力の掃討をおこない、「赤城神社年代記」には、北条方の要害で落とされたものとして、沼田・飽間・岩下・高山・倉賀野・小幡・厩橋・大胡・佐貫・松山の十城をあげる。厩橋・大胡には長野一族がいたが、これによって没落した。一方、佐貫（館林）城などは永禄五年まで北条方が死守している。とはいえこれにより、とりあえず上野一国の回復は、小幡氏・館林赤井氏を除いてほぼ達成された。

（右）大胡城跡の堀■群馬県前橋市　（左）国峰城跡の堀切■群馬県甘楽町　それぞれ上野の有力国衆の居城で、謙信の上野攻めで落城した

小幡は国峰《くにみね》城を指すが、同城の攻略には業政が関わっていた。国峰城主小幡憲重は、早くから北条氏に属しており、山内家が没落した後は有力武将に成長した。業政は憲重を憎み、小幡一族の図書助という人物と謀り、憲重を逐ったという（「甲陽軍鑑」）。

憲重と図書助は、ともに業政の娘婿である。業政は、憲重が大身の部将であったため、その身内の図書助を取り込んで憲重の追放を図

＊歴代古案■越後長尾氏（上杉氏）に関係する文書を、江戸時代にまとめて編纂したもの。

上杉謙信肖像■米沢市上杉博物館蔵

図３　謙信による小田原攻め要図

り、成功したことになる。この事件は、謙信が越山する以前の永禄二年に、憲重が草津に入湯していた隙をついておこなわれたとする史料もある（『箕輪軍記』）。なお、憲重は武田信玄を頼って甲府に逃れて復活を遂げ、武田家の重臣となった。

謙信は、翌年二月に赤石に結集させた味方を率い、小田原に向けて出陣した。その際、集結した武将名を陣幕とともに書き上げたものが、「関東幕注文《かんとうまくちゅうもん》」である。謙信のもとに集結した武士たちは、十万にも及んだという。

彼らは三月初旬に小田原に向けて出陣した。小田原城を囲んで十数日の間城攻めをおこなったが、三月下旬には撤兵した。北条方が籠城に徹したため、戦いらしい戦いはなく、上杉方の動きも村々からの略奪や放火に明け暮れるにとどまったという。

その後、憲政と謙信は鎌倉に入り、鶴岡八幡宮に詣でた。ここで憲政は謙信に上杉の名跡と関東管領職を譲ったという。このとき、謙信は憲政から一字拝領を受け、政虎と名のった。なお、永禄五年の始め頃から輝虎と名のるが、このとき将軍義輝から正式に関東管領職に補任されたとみられる。憲政と謙信は、閏三月中頃に厩橋に帰陣した。

「上杉謙信の拝賀」■寺崎武男画　謙信が鶴岡八幡宮に参詣する場面を描く　神奈川県鎌倉市・鶴岡八幡宮蔵

■「関東幕注文」にみる箕輪衆の構造■

この戦いで、業政がどのような役割を果たしたかは明らかではない。大軍であり、大きな戦闘があったともみえないので、武人として活躍する場面はほとんどなかったであろう。小田原攻めは、謙信が関東管領職に就くための壮大なデモンストレーションにすぎなかったともみられる。

「幕注文」の記載順は、赤石陣への到着順とみられ、上野の武士から始まる。白井衆・惣社衆・箕輪衆が冒頭にみえるが、これら三衆が憲政・謙信の下に最初に馳せ参じ、憲政の復活を推進する中核勢力だったことがわかる。箕輪衆の人々は、次のように記されている。

箕輪衆

長野　ひ扇

新五郎　同紋

南与太郎　同紋

小熊源六郎　同紋

長野左衛門　同紋

景虎に上杉の姓を与える憲政■「北条五代実記」当社蔵

浜川左衛門尉　同紋
羽田藤太郎　同紋
八木原与十郎　同紋
須賀谷筑後守　同紋
長塩左衛門四郎　丸之内の二引りやう上ニ今ト文字
大戸中務少輔　六れんてん
下田　ともへ
漆原　丸のうちの二引りやう
内山　すハま二平賀ト云文字
高田小次郎　にほひ中黒
和田八郎　ひ扇
倉賀野左衛門五郎　団之内ニ松竹
依田新八郎　蝶之円
羽尾修理亮　六れんてん

最初にみえる長野が、業政とみて間違いない。次の八人が、檜扇の紋を用いる長野一族である。なお、檜扇の紋を用いるが、和田八郎は和田郷（高崎市街地）の独立した領主である。

同紋の人々のうち、浜川・羽田・八木原・須賀谷は「長純寺記録」にもみえていた。

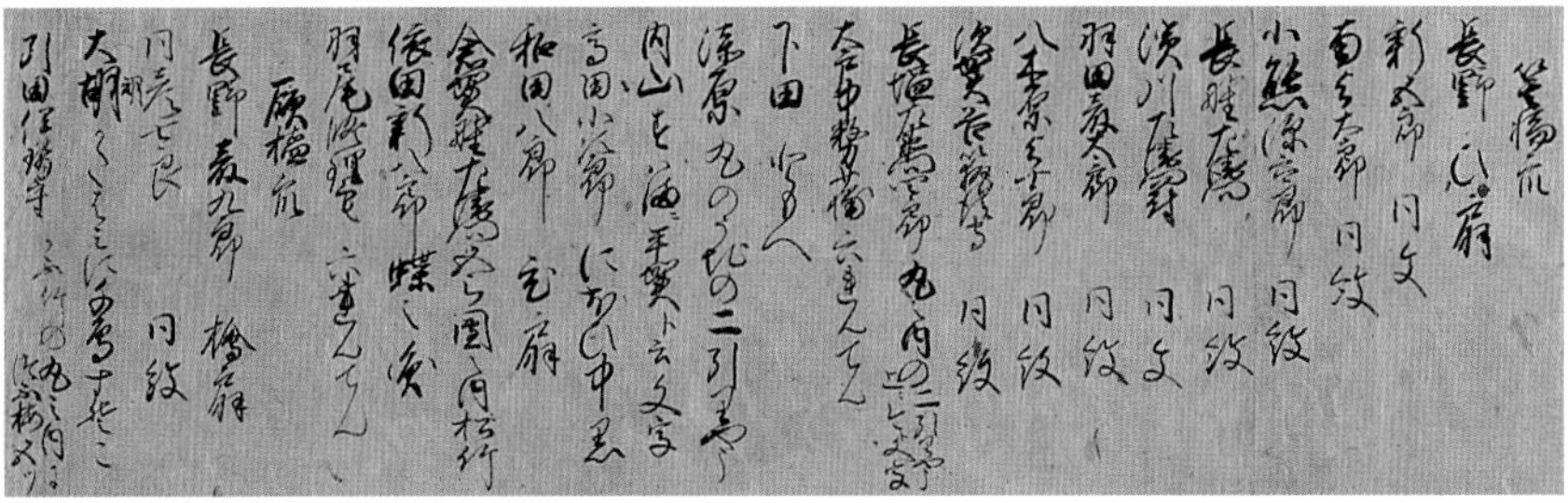

「関東幕注文」の箕輪衆の部分■「上杉家文書」　米沢市上杉博物館蔵

小熊は小倉の誤記であろうか。南は不詳だが、三番目に出てくることから一族の有力者である。

新五郎は二番目に書かれていることから、業政の子氏業《うじなり》であろう。その根拠として、「長野家中覚書」に「信濃殿の子に左衛門大夫・新六郎、甲州にてころし候」とあり、業政の子に新六郎がいた。左衛門大夫はその兄氏業で、幼名は新五郎であったとみられる。長野左衛門は室田長野氏の業通とみられるが、そうであれば室田長野氏も業政に従って出陣したことになる。

なお、厩橋・大胡長野氏は箕輪衆とは別に、厩橋衆として参陣している。

つづいて、他姓の人々がみえる。長塩・漆原・下田・内山は「長純寺記録」にも登場した。このうち、長塩・漆原氏は紋が似ていることから同族とみられ、吉岡町漆原付近に居住していた一族であろう。

大戸・高田・和田・依田・羽尾らは、西上州の国衆である。大戸浦野氏はかつて長野憲業と戦った武

図４　箕輪衆の分布図

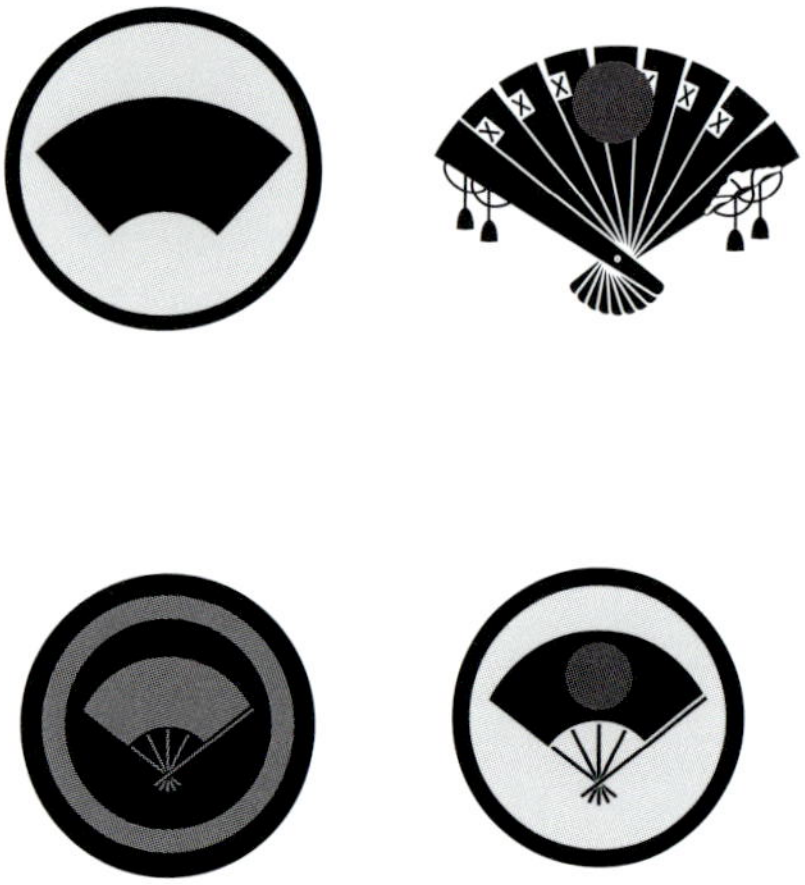

長野氏の家紋であった檜扇の紋

士であり、高田氏は享禄の内紛のときに、ともに憲寛のために協同して戦った間柄である。

和田氏・依田氏（板鼻の領主）らは近隣の武士である。羽尾氏は吾妻郡長野原町の武士で、やや離れているが、業政と協調関係にあったのであろう。

■小田原陣中に蔓延する病■

憲政と謙信は、永禄四年（一五六一）閏三月中に鎌倉から厩橋に帰陣し、六月頃まで上野のいずれかにいたが、動静は不詳である。どこにいたか検討してみよう。

四月十三日、武田信玄は*1小山田信有《おやまだのぶあり》に、「謙信が草津で湯治しており、警固が厳重です。上州衆の倉賀野らが所々に陣を張っているとのこと、何か不意打ちでも考えているかもしれません」と伝えている（「諸家文書」）。これにより、謙信は四月中

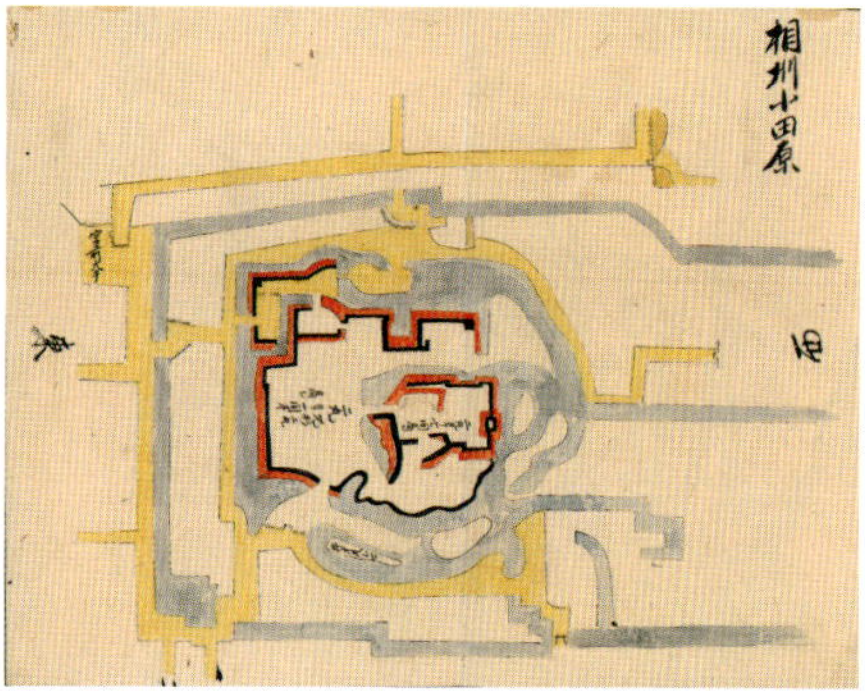

「近世城図」に描かれた小田原城■北条氏の居城で、名城として知られる。秀吉の小田原攻めで落城した後、近世には大久保氏の城となった。中世城郭と近世城郭が現在にも残る貴重な城跡で、国の史跡に指定されている　当社蔵

*1小山田信有■武田家の重臣で譜代家老衆。甲斐国郡内地方を領した。武田家滅亡時に勝頼を裏切った信茂の兄とされる。

旬に草津に湯治に出かけていたことがわかる。倉賀野氏らの上州衆も在陣しているので、憲政もこの間、謙信と行動を共にしていたのかもしれない。

謙信が湯治に出かけていたとする史料は、これ以外にもある。四月十六日付で謙信が沼田入道に宛てた書状によると、「湯治の最中、慰問《いもん》の樽酒《たるざけ》・肴《さかな》を頂戴いたしました。養生が長引きましたが、近日湯を出ます」と伝えている（「謙信公御代御書集」四）。この文書は＊2伊香保《いかほ》での入湯とされていたが、草津での入湯が正しい。場所が伊香保では、信玄が謙信の動きを懸念することはなかったであろう。

実は、謙信の湯治は単なる骨休めではなかった。＊3近衛前嗣《このえさきつぐ》が六月十日付で謙信に宛てた書状に、「そなたの様態を承りたく、再度飛脚を送って申し上げる。御病気はいかがでしょうか」と述べ、謙信の病状を案じている。さらに、「お腹の具合はいかがでしょうか、大変心配です。病状を教えていただきたい。一層油断なく御養生が大切です」とも述べている（「上杉家文書」）。沼田入道への書状では、四月中旬に湯を出るとあったが、前嗣の書状より、養生は六月まで続いたことになり、かなり病が重篤化していたことがわかる。

年未詳の卯月八日付の足利義氏《よしうじ》書状写には、「輝虎没身」という言葉がみえる（「相州文書」）。つまり四月初旬頃には、謙信が死んだという噂まで流れていたのである。なお、この文書写の宛所は長野信濃守とあり、そのとおりであれば業政を指す。しかし、状況的に義氏が業政に書状を送るとは考えにくく、誤記の可能性が高い。同

＊2伊香保■万葉集にも登場するなど草津と並ぶ上野の名湯。戦国時代になって整備されたという。群馬県渋川市に所在する。

＊3近衛前嗣■戦国期の近衛家当主で、晴嗣→前嗣→前久と改名した。永禄三年に越後に赴き、その後関東をめぐり、謙信の関東平定戦を支援した。

草津温泉■古くから名湯と知られ、数多くの有名人が湯治に訪れている　群馬県草津町

じ信濃守であれば、由良《ゆら》氏の誤写であろうか。
謙信が越後に戻ったのは、「上杉家御年譜」では六月二十一日、「赤城神社年代記」では七月四日に厩橋から越後に向かったとしている。十分な休養をとって越後に戻った様子がうかがえるが、謙信はこの年の九月十日、信濃国川中島《かわなかじま》で信玄と一戦を交えている。

実は、憲政も小田原への出陣中に病気に罹っていた。鶴岡八幡宮社参の頃に、「憲政が病気になられた」と記す史料がある（「杉原謙氏所蔵文書」）。憲政の発症は閏三月中旬以前である。

さらに、「雙林寺伝記」によると、白井長尾憲景も煩っていた。憲景は小田原攻めのときに「脳病」であったため、嫡子憲春《のりはる》を名代として参陣させ、武功を上げさせた。その後、鶴岡の社参のときは「弓箭ノ役」を果たしたという。したがって、このときは治癒していたことがわかる。「脳病」は、高熱や極度の衰弱による意識障害が出る劇症を示す。憲景の病も、一時死の渕をさまようほどのものであった。

以上、憲景は三月中旬頃の小田原攻めの時期、憲政は閏三月中旬の鶴岡社参の頃、その後謙信が煩い、謙信は上州帰還後、六月頃まで静養を要した。これはたまたま順番に病になったというものではあるまい。消化器系のウィルス性の感染症などが、上杉陣中に蔓延していたことが想定される。

実は、「赤城神社年代記」の永禄三年条に、「陣に厄病が流行《はや》って、敵味方とも多

小田原攻めの際に軍勢を指揮する謙信の勇姿■「北条五代実記」　当社蔵

く死んだ」とある。これは越後勢が赤石陣を構え、北条方の城を攻めていた頃のことであり、すでにその頃から陣所に病が広がっていたのである。

兵士たちは陣所で協同生活をするので、病は一気に蔓延する。冬期に向かう長期の陣中でさらに加速し、ついには幹部まで広がったのである。謙信軍が小田原城攻めを十日ほどで終えたのは、もしかしたら幹部まで広がった感染症に要因の一つがあったのかもしれない。

川中島合戦における謙信・信玄の太刀打ちの図■川中島合戦図屏風　和歌山県立博物館蔵

第二章　業政の死と一族のゆくえ

■病に倒れ、長純寺に葬られる■

前出の永禄四年（一五六一）六月十日付の近衛前嗣書状に、「箕輪が煩っていると申しております」とみえる。箕輪は業政のことで、当時、業政も病を患っていたことがわかる。前嗣はこのとき、越後から厩橋に到着したばかりで、謙信の病状を知ってすぐに見舞いの文を書き、そのついでに当地の状況を伝えたのである。前嗣は、成田氏や箕輪の人質が実城《みじょう》（本丸）の番をしていると述べており、城内に成田氏・長野氏の人質が置かれていたことがわかる。業政の発病は、成田の幼い者が夕方に参って申し述べたものであるという。

業政の病は、出陣中か帰国後かはわからないものの、小田原陣中に蔓延して、憲政や謙信らも患った感染症であった可能性が高い。結局、業政は六月二十一日に没したが、この病が直接の原因であろう。ちなみに彼らの年齢をみると、憲景は永正八年（一五一一）生まれで五十歳、憲政は大永三年（一五二三）生まれで三十八歳、謙信は享禄三年（一五三〇）生まれで三十一歳であった。このなかで、六十三歳と

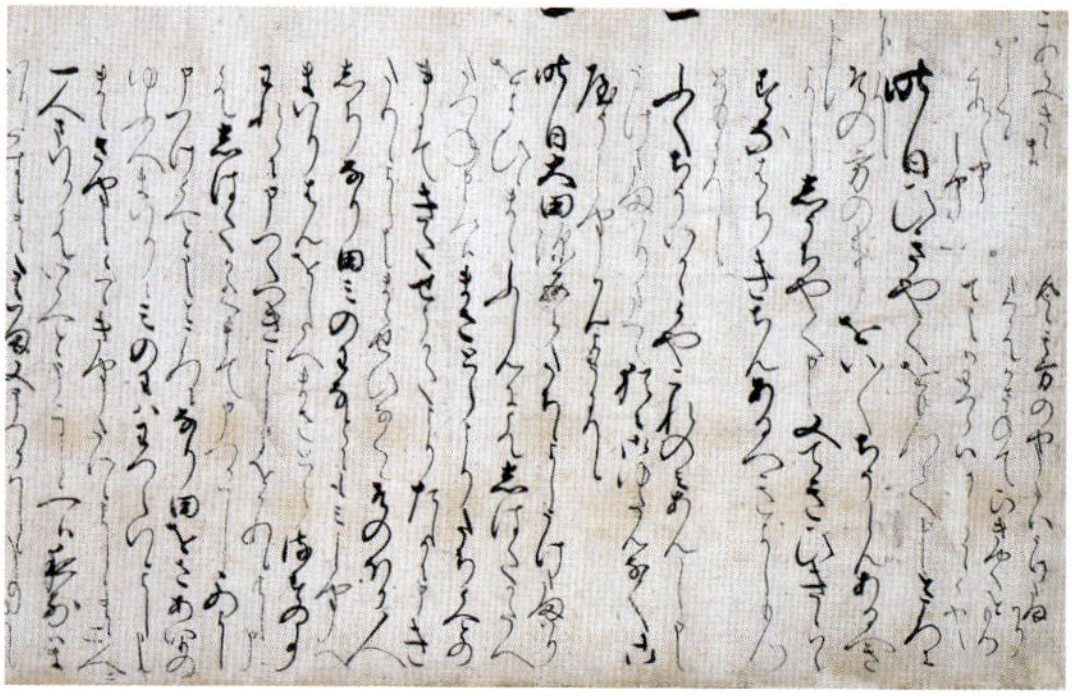

最高齢の業政が重篤化して死に至ったのである。

　業政の遺骸は、長純寺の裏山に葬られた。四十九日の法要であろうか、同年八月日に回向料《えこうりょう》（供養料）百両・位牌一基・差料《さしりょう》（刀）・観音の掛物・愛馬と馬具などが同寺に納められている（「長純寺記録」）。弾正忠の名で納められているが、これは家督を継いだ氏業（業盛）のことであろう。下屋形が「これを調える」とあり、仲介の労を取った。なお、武田の上州攻めの風聞が高まっているので、葬式などは隠密におこなって城外には知らせず、墓塔・墓碑の類は立てないようにとの沙汰があったという。

長野業政の墓所■群馬県高崎市・長純寺

　業政が死を秘すように遺言したことは、近世の物語にも散見される。ただし、永禄四年六月段階では、武田氏の西上州進出は本格化していない。しかし、人々はこれまでの信濃での戦から、その潜在的な恐怖を感じていたのかもしれない。

　なお、この頃の個々の武将たちの墓に戒名などが刻まれるのはまれであり、墓もわからないのが一般的である。この話は、箕輪城攻

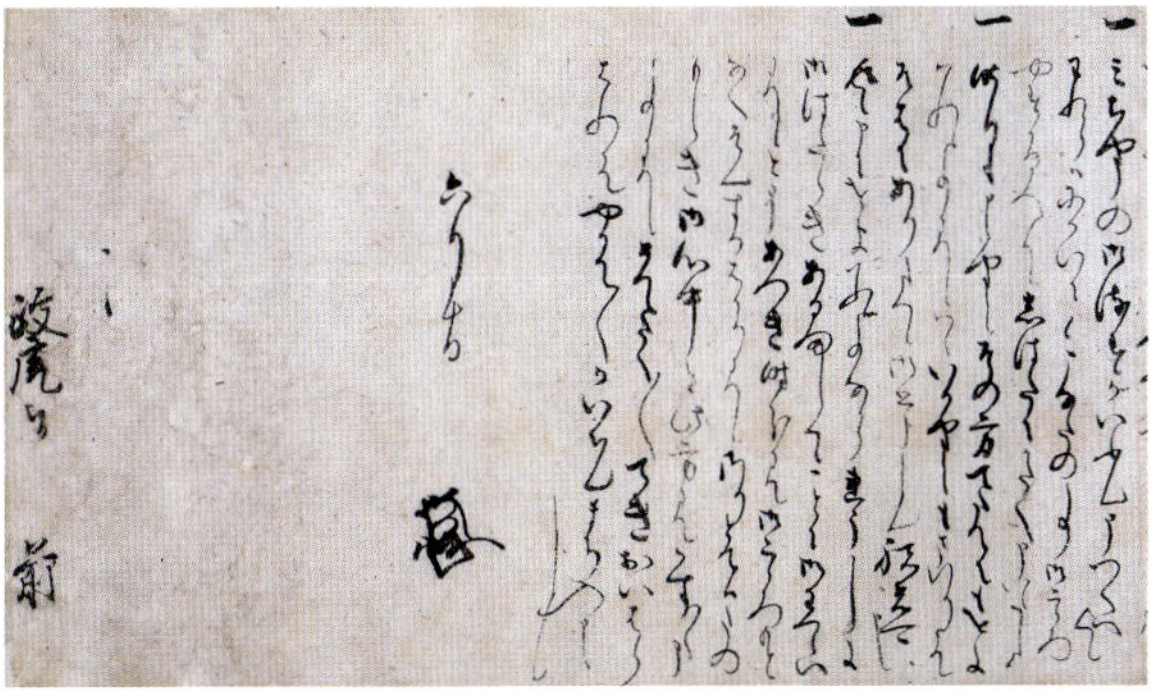
（永禄四年）六月一〇日付け近衛前嗣書状■謙信が病気であることを知り、病状を案じている　「上杉家文書」　米沢市上杉博物館

長野氏歴代の墓所■右からそれぞれ業尚、憲業、業氏、業政、業固、業茂、業続のものとされ、五輪塔最下段の地輪の正面に戒名が刻まれている　群馬県高崎市・長年寺

防戦を劇的にするために創作されたものであろう。

長純寺の裏の丘に、業政の墓所と伝えられている場所があり、目印の石が置かれている。同寺はその後、武田氏によって焼かれ、現在の堂塔伽藍は場所を変えて再建された。

同寺には業政の木像と位牌があり、これらは後世に奉納されたものである。木像には、「上杉関東管領執権・前上野大守上野旗頭・箕輪城主　長野信濃守業政像」と刻まれている。上杉家の執権、上野大守で旗頭、箕輪城主と伝えられていたのであろう。

なお、長年寺にも業政を含めた長野一族の墓（五輪塔）があるが、これらは近世に作られたものとみられている。

（右）上杉憲政の墓■山形県米沢市・照陽寺　（左）上杉謙信の墓■新潟県上越市・林泉寺

■業政にまつわるエピソード■

ここで、業政にまつわるエピソードを紹介しておこう。

まず、業政は連歌《れんが》に造詣があった。遊行上人体光《ゆぎょうしょうにんたいこう》の句集「石苔」下に、長野信濃守の所望によって連歌を興行したことがみえる。遊行上人は時宗《じしゅう》の藤沢清浄光寺の住職のことで、体光は第二十九世である。布教のためしばしば上野を訪れたが、あるとき業政は体光を迎え入れ、連歌の会を催した。体光は厩橋・厩橋光明寺・厩橋上泉でも連歌を興行している。なお、永正六年（一五〇九）九月には、柴屋軒宗長《さいおくけんそうちょう》が草津を目指して浜川を通った折、松田加賀守《まつだかがのかみ》のもとで重陽《ちょうよう》の連歌を興行し、長野一族とも交流があったことを述べている（「東路の津登」）。

来迎寺の伝長野氏累代の墓■群馬県高崎市

時宗寺院としては、浜川に来迎寺がある。同寺は伝承によると、文保三年（一三一九）に他阿真教《たあしんきょう》が遊行の途中に立ち寄って道場を開き、元亨二年（一三二二）に幡応《ばんのう》が寺院としたという。境内には二十数基の宝篋印塔《ほうきょういんとう》などの中世の石造物があり、同寺が古刹であることを物語っている。また、ここは業政の菩提所であったともいう。

一遍上人の御影堂に参詣する他阿真教■「遊行縁起」　兵庫県神戸市・真光寺蔵

高崎藩の儒者川野辺寛《かわのべかん》が著した「高崎志《たかさきし》」によると、業政は普化宗《ふけしゅう》（虚無寺）を庇護したことがみえる。普化宗は、鎌倉時代に東福寺《とうふくじ》の心地覚心《しんちかくしん》が南宋《なんそう》から伴った四人の在家の居士《こじ》によって日本に広まった。業政が保護したのは、宝伏《ほうふく》居士を元祖とする宗和派二十一代の法嗣《はっす》湛光風車《じんこうふうしゃ》であったという。風車のとき、根笹《ねざさ》流と改め、田宿（田町、西明屋）に居住していたが、慶長五年（一六〇〇）に高崎の慈上《じじょう》寺《じ》に移ったという。

普化宗の虚無寺は、風呂屋ともいった。虚無寺が風呂屋を建て、人を選ばず湯に入らせたためという。近世には、幕府から罪人の捜索依頼があったとき、罪人を探し当てるために役立った。また、虚無僧《こむそう》として尺八《しゃくはち》を演奏しながら諸国行脚《あんぎゃ》の自由などの特権が与えられ、隠密の役割を担ったとされる。

普化宗の特徴からみると、業政が保護した目的は、信仰のためとは限らない。彼らは風呂屋の興行など、その活動からさまざまな情報に触れ、世間の動向を熟知していた。保護の見返りに、それらの情報が業政のもとにもたらされた可能性も考えられる。

修行のために諸国を移動する、修験道《しゅげんどう》と長野氏のつながりも重視される。長野郷内に鎮座する榛名神社は本山派《ほんざんは》修験であり、白岩観音も本山派で、白山《はくさん》系の修験であった。天文期に、業政が白岩観音の堂舎の修造をおこなったとの伝承もある。また、業政は高井村（前橋市高井町）に隠居していた良雲《りょううん》を招き、箕輪城の麓の和田

虚無僧のイメージ図■普化宗の僧であるが、出家せず、半僧半俗であった。鎌倉時代からみられ始め、江戸時代には幕府との関係が強かった

山に本山派の極楽院《ごくらくいん》を建立した。さらに、良雲を西上州の惣禄職《そうろくしき》に任じたという。

■業政の妻と子■

ここでは、業政の妻と子供たちについてみてみたい。

系図によると、業政の長男として吉業がみえ、前述したように河越合戦で疵を負い、その後没したとある。吉業の母については、「沼田腹」とみえるので沼田氏出身の女性で、年代的に沼田万喜斎顕泰の娘であろう。実家の家格からみて正妻と思われる。吉業の死後、離縁して安中氏に嫁いだと考えられるというが、詳細は不詳である。

吉業の死によって、氏業が正嫡となり、業政の死後に家督を継いだ。いつのことかはわからないが、氏業は九月晦日付で赤城神社の神主奈良原紀伊守《ならはらきいのかみ》に書状を送り、妙法坊《みょうほうぼう》が赤城の地で山籠もりをした際、紀伊守父子に懇切な扱いを受けたことを謝している（「奈良原文書」）。妙法院は修験者であろう。

氏業の「氏」の字は、北条氏康《うじやす》から与えられた一字とみられるが、そうであれば、長野家が北条氏に従っていた天文二十一年～永禄三年の間に元服したことになる。官途名は、系図には右京進・弾正忠などとみえるが、確実な文書には左衛門大夫とある（「富岡家古文書」）。この官途名は、業政の先代の方業と同じである。

（右ページ）長谷寺（白岩観音）の山門■役行者が開いたとされる名刹で、坂東三十三ヵ所・上州観音霊場三十三ヵ所の一つになっている　群馬県高崎市

赤城神社■大洞赤城神社とも。上野国の名峰赤城山を祀る神社で、赤城山自体が山岳信仰の対象となっていた　群馬県前橋市

伝箕輪城主長野業盛（氏業）の墓■群馬県高崎市井出

氏業は、永禄九年の武田氏の箕輪城攻めによって討ち死にし、墓は高崎市井出にある。法如《ほうにょ》という行脚の僧が、武田氏重臣の内藤昌豊《ないとうまさとよ》から死体をもらいうけ、弘称院殿箕山法輪居士と諡号《しごう》して東徳寺《とうとくじ》に葬ったという（『上野国郡村誌』）。しかし、同寺はその後衰微して現存しない。現在、田園の中に氏業の墓所とする石碑が建てられている。

氏業の母は、系図によって「保土田腹」とも「里見河内守娘」ともみえる。保土田は高崎市保渡田町である。氏業の子鎮良《ちんりょう》（豊前）は、箕輪城の落城のときに家臣たちに助けられて極楽院に入り、良雲法印の跡を継いだ。

氏業の弟には新六郎がおり、箕輪落城時に兄とともに討たれたことはすでに述べた。前出の「彦根藩諸家譜」にみえた出羽守業親も業政の子であるが、箕輪城攻めのときには討ち死にを免れている。その子供である伝蔵《でんぞう》が井伊家に仕えたが、母が井伊直政《なおまさ》と知り合いの間柄であった。業親は武田家に仕え、武田家の滅亡後は徳川家に従って、直政の知り合い知の女性を妻にしたことが考えられる。鎮良が僧となっ

善龍寺の内藤塚■群馬県高崎市　写真提供：高崎市教育委員会

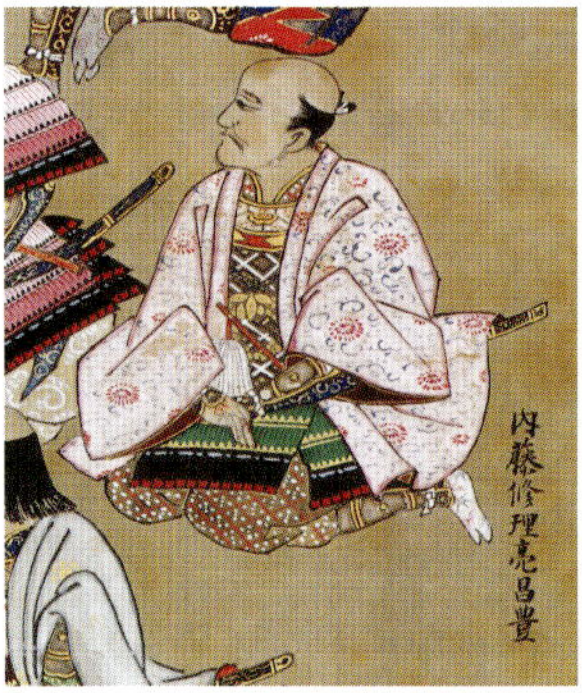

武田二十四将図に描かれた内藤昌豊（昌秀）■武田家の重臣で、箕輪城を攻略するなど軍功を上げ、後に上野国の取次をつとめるなど活躍し、最期は長篠の戦いで討ち死にした　柳沢文庫蔵

たため、業親の流れが長野氏の嫡流となったのであろう。

諸系図によると、業政には十二人の娘がいた。とはいえ、十二人がすべて業政の実子であったかどうかは不詳である。もしかしたら、養子や＊猶子《ゆうし》なども加えられているかもしれない。

長野正弘氏所蔵の系図などに、娘たちの具体的な嫁ぎ先がみえる。それによると、小幡上総介・小幡図書之介・成田下総守・木部駿河守・大戸八良三良・和田新兵衛・浜河六良・倉加野淡路守・羽尾真田山城守・長尾弾正・板鼻依田殿・弾正忠業固らの名がみえる。

井伊直政肖像■徳川家康の重臣で、各地の合戦で武功を上げた。関ヶ原合戦後は上野国高崎に封じられ、初代藩主となった　東京大学史料編纂所蔵模本

小幡上総介は尾張守（憲重）の誤りで、小幡図書之助は小幡氏の有力庶家である。成田下総守長泰は武蔵国忍城主である。小幡・成田は山内家の家臣で、長野家とほぼ同格といえる。

ただし、長泰の妻は長尾景英《かげひで》の娘ともいわれ、景英の妻が業政の姉ともみえるので、業政の養女として嫁いだことも考えられる。


猶子■擬制的な親子関係を結ぶもので、養子とは違い、財産や家督の相続を目的としないものが多く、他氏との関係強化等のために行なわれた。

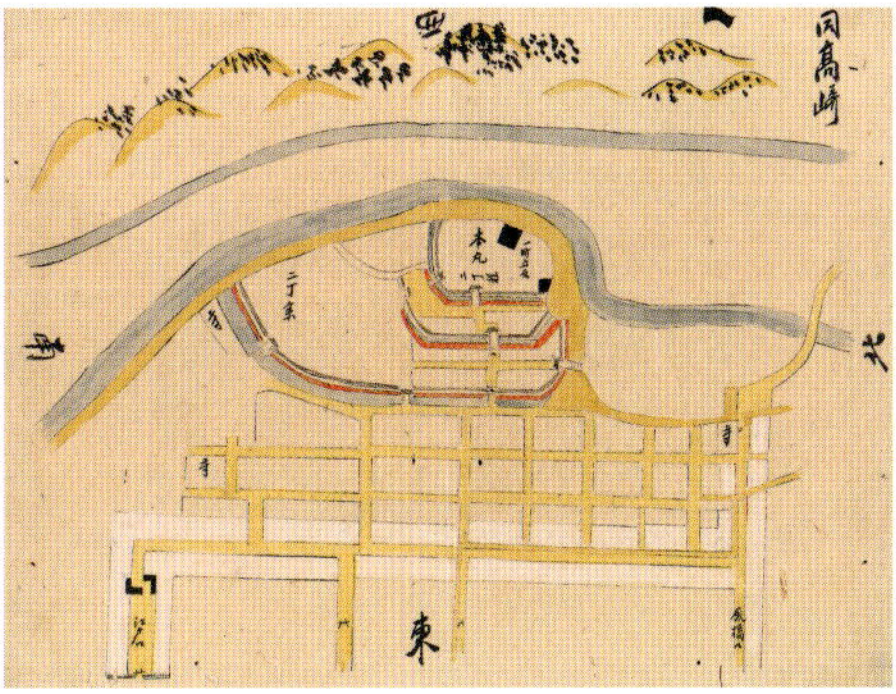

「近世城図」に描かれた高崎城■和田城の廃城後に同地に築かれ、井伊直政が箕輪城より移った　当社蔵

木部氏は高崎市木部町の武士で、駿河守の妻は、榛名湖に入水したという伝承がある。これは箕輪城の落城のとき、同人（長野姫）は一子貞朝《さだとも》とともに城を落ちたが、湖水に着いたところではぐれて、腰元《こしもと》の久屋《ひさや》とともに入水し、龍に変身したという。なお、木部氏も山内家を支える被官の家柄であった。

大戸氏（東吾妻町大戸）・和田氏（高崎市街）・倉加野（倉賀野）氏・依田氏（板鼻）は長野郷の周辺の武士であり、彼らも山内家の被官であった。なお、倉加野淡路守は金井淡路守とも称し、倉賀野氏の嫡流が没落した後に倉賀野城主となっている。羽尾氏は吾妻郡長野原町羽尾城主で、すでにみたように真田氏と同族である。これらのものは「関東幕注文」にも箕輪衆として登場しており、日常的な協力関係があったのだろう。

浜河六良は長野一族である。静嘉堂文庫に、幕臣となった浜川右京家の系図が残っている。それによると、右京は業政の旗下として浜川に居住し、武田信玄の侵攻によって武田氏に従ったという。浜河氏は一族の有力者であったのだろう。

弾正忠業固は、長野系図によると室田長野業氏の子で、業通の弟としてみえる。

■箕輪城の落城■

最後に、箕輪城のその後に触れておこう。

榛名湖■榛名山の山頂に位置する湖で、古くは伊香保沼ともいった。木部姫の入水やダイダラボッチなど、数々の伝説が語り継がれている　群馬県高崎市

憲政と謙信による小田原攻めが不発に終わった直後、北条方の反撃が始まる。さらに、業政の死後には北条氏と同盟を結ぶ武田信玄が西上州への侵攻を本格化させた。信玄は、永禄四年（一五六一）末に小幡憲重の先導によって甘楽郡域に侵入して高田氏・一宮氏らを降し、国峰城も奪回した。さらに、北条氏康とともに上野中央部に位置する倉賀野城を攻めている。

その後も、西上州は武田氏の攻撃にさらされ続ける。その結果、和田業繁《なりしげ》や安中重繁らの有力国衆まで武田の軍門に降り、倉賀野尚行《なおゆき》は城を明け渡して謙信を頼って退去した。これに対して、謙信も信玄の進撃を食い止めるため、武田方の最前線にあたる和田城を再三にわたって攻めたものの、ついに落とすことはできなかった。武田・北条の同盟の前に、上杉方の劣勢は明らかとなり、箕輪落城が迫っていたのである。

実は、鷹留城は箕輪城に先だって早々と落城していた。信玄は大戸城主海野（浦野）中務少輔に宛てた五月八日付の書状（写）で、同月二日に室田を放火し、長野三河守入道ら随分の者八十余人を討ち取ったことを褒めている（「浦野文書」）。長野三河守入道は鷹留城主長野業通であり、同時に討ち取られた者も「随分の者」とされるので、足軽や小物ではない。数に劣る鷹留長野氏が城を出て決戦を挑んだとは考えにくく、業通の討ち死には鷹留落城によるものだろう。なお、この文書は永禄五年か同六年のものとみられる。中務少輔の弟平八郎は、永禄五年九月に信玄から所領

（右）箕輪城の御前曲輪跡（左）同城の二の丸跡■ともに群馬県高崎市

箕輪城跡鍛冶曲輪の石垣■群馬県高崎市

（箕輪領半田、渋川市）を与えられており、長野氏攻めの恩賞と考えられる。

周辺の国衆たちの離反や鷹留落城によって、箕輪城は本城だけの裸城となった。永禄六年十二月五日・六日、信玄は箕輪城を攻め、城下を焼き払った。このとき、長純寺や白岩長谷寺も焼き打ちされており、総攻撃の前に徹底的な略奪・放火・破壊が実行されたのであろう。氏業は城に籠もるばかりで、有効な対応はできなかった。「箕輪軍記」などが箕輪落城をこの年とするのは、この攻撃のインパクトによるのかもしれない。

永禄八年二月吉辰、信玄は信濃国の諏訪大社と*新海三社神社《しんかいさんしゃ》に西上州攻略の成功を祈願した（「守矢文書」・「新海三社文書」）。それには惣社・白井・嶽山・尻高城とともに箕輪城が挙げられているが、箕輪城については、ことさら十日もかからず撃砕・散亡させると明言している。

榛名山以南の西上州において、残るは箕輪城と惣社城だけであった。箕輪城は武田氏の勢力圏の中に取り残されているため、孤立することは明らかである。信玄の

箕輪城二の丸と三の丸の間の堀切■当時の堀は、現況のおよそ二倍程度の深さであったと推定されている　群馬県高崎市

新海三社神社■佐久から上田地域にかけて勢力を誇った神社で、主神の興波岐命が新開神（にいさくのかみ）ともいわれることから、佐久の地名の由来になったともされる。境内の五重塔は永正十二年（一五一五）の創建といわれ、国の重要文化財に指定されている。

眼には、即座に落とせる城との確信があったのである。しかし、箕輪城はそこから一年半以上持ちこたえた。なお、斎藤氏が籠もった嶽山城は、翌年三月までに落城している。

箕輪城の落城について、長年寺の住持であった受連《じゅれん》の覚書に、関連する記述がある。それによると、受連は永禄九年九月二十九日に箕輪城が落ちて信玄との面会が叶い、寺領の安堵を言い渡されたと述べている（「長年寺文書」）。二十九日は落城の日とも、面謁の日とも取れるが、後者の場合でも、その直前に落城したことは明らかである。

「箕輪軍記」では、氏業は城に立て籠もって武田軍を迎え討ち、攻囲戦の末に自害したことが記されている。このほかに箕輪城の攻防戦を直接示す史料はない。武田方にも戦功を褒める感状なども全く残っていない。したがって、どれほどの戦いがあったかはわからないが、氏

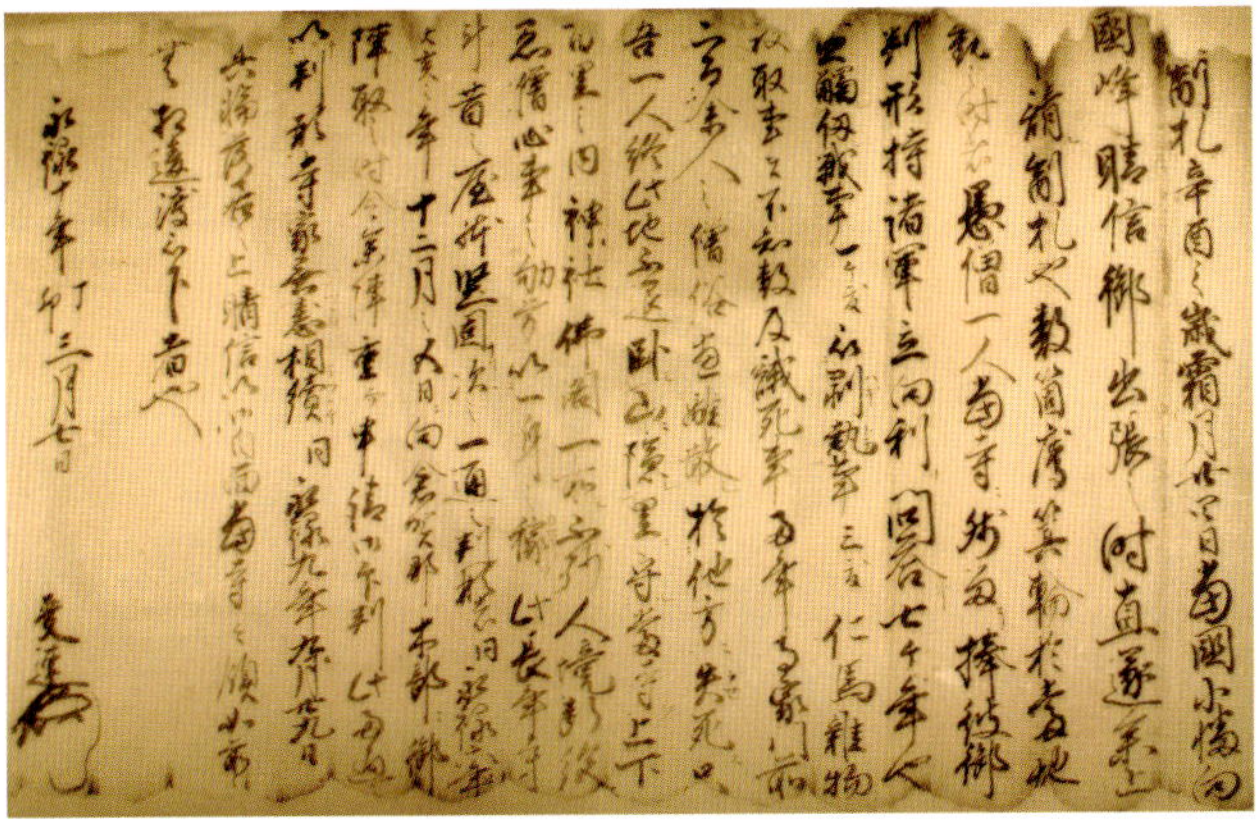

箕輪城の最後を語る天産受連覚書■「長年寺文書」　群馬県高崎市・長年寺蔵
群馬県立文書館所蔵の写真帳より撮影

箕輪城の大堀と土橋■城の中央部を南北に分断する役割をもつ。現在、整備が進められている　群馬県高崎市

箕輪城主夫人藤鶴姫の墓■群馬県高崎市

長野氏家臣の墓とされる五輪塔群■群馬県高崎市・長純寺

業は信頼できる近臣たちとともに最後まで抵抗し、自ら滅亡する道を選んだのであろう。

氏業とは別に、一族・被官の中には箕輪落城前後に武田氏に従った者もいる。長野一族の小鼻和《こばなわ》若狭は小鼻和（高崎市）に居住していたが、信玄に従属して同所を安堵され、同じく浜川右京も信玄から所領を下されて従ったとみえる（「静嘉堂文庫所蔵長野氏系図」）。

井伊家に仕えた長野氏は、業政の子業親の子伝蔵から始まるが、この一族は武田氏に従い、武田家滅亡後に徳川氏に付き、その縁から井伊氏に仕えたとみられる。

なお、剣聖として高名な上泉信綱も、落城後に信玄から武田家への仕官を求められたが、断って上洛したとされている。

箕輪落城後は、一族・被官もそれぞれの道を選んだのである。

箕輪城士の慰霊碑■箕輪城の本丸跡にあり、後世作られたものである　群馬県高崎市

上泉信綱銅像■長野氏の被官で、長野氏の滅亡後は上洛し、剣豪として有名になった　群馬県前橋市

【主要参考文献】

飯森康広ａ「室町・戦国期における上野国箕輪の変遷」（『群馬県埋蔵文化財調査事業団調査報告書』第二五四集、一九九九・三）
飯森康広ｂ「長野方業は業政か?」（『群馬歴史散歩』第二一九号、二〇一一・五）
久保田順一「長野氏と上杉氏守護領国体制」（『室町・戦国期上野の地域社会』岩田書院、初出は二〇〇一・一）
黒田基樹ａ「戦国期の上野多胡地域と仁叟寺文書」（『戦国期山内上杉氏の研究』岩田書院、初出は二〇〇七・四）
黒田基樹ｂ「戦国期上野長野氏の動向」（同前、初出は二〇一一・一二）
黒田基樹ｃ「関東享禄期の内乱」（同前、初出は二〇一二・三）
近藤義雄『箕輪城と長野氏』（上毛新聞社、一九八五・一二）
則竹雄一「「領」と戦国大名―上野国からみた北条氏―」（『中世東国の世界』３　高志書院、二〇〇八・五）
平山優『真田三代　幸綱・昌幸・信繁の史実に迫る』（ＰＨＰ新書、二〇一一・一一）
森田真一「禅宗史料からみた東国の領主―『春日山林泉寺開山曇英禅師語録』の分析を中心として―」（『群馬県立博物館紀要』第三十号、二〇〇九・三）
簗瀬大輔編『戦国史　上州の一五〇年戦争』（上毛新聞社、二〇一二・一二）
山田邦明『戦国のコミュニケーション』（吉川弘文館、二〇〇二・一）
山崎一『群馬県古城塁址の研究』下巻（群馬県文化事業振興会、一九七八・一〇）

【基本史料集・自治体史】

『群馬県史』資料編７中世３（群馬県史編さん委員会、一九八六・三）
『高崎市史』資料編４中世Ⅱ（高崎市史編さん委員会、一九九四・三）
『箕郷町誌』（箕郷町誌編纂委員会、一九七五・八）

『群馬町誌』資料編1原始古代・中世（群馬町誌編纂委員会、一九九八・三）

『榛名町誌』資料編2中世（榛名町編纂委員会、二〇〇五・三）

長野氏関連年表

年号	西暦	月日	事項
永享十二	一四四〇	七月	結城合戦が始まり、上州一揆の長野周防守・宮内少輔・左馬助ら参陣する。
文明三	一四七一	八月十七日	長野左衛門尉、将軍足利義政から忠節を褒められる。
文明九	一四七七	五月八日	長野為業、長尾景春に味方して針谷原で上杉顕定と戦って討ち死にする。
明応六	一四九七	この年	長野信業、幻室伊蓮を開山として長純寺を下芝に建立する。
文亀元	一五〇一	八月二十八日	長野業尚、曇英恵応を開山として長年寺を造営する。
永正元	一五〇四	九月二十七日	長野孫太郎房業、立川原合戦で討ち死にする。
		十月十四日	曇英恵応、寂す。
永正七	一五一〇	六月二十日	山内上杉顕定、長尾為景のため越後長森原で討ち死にする。
永正九	一五一二	十月	長野憲業、長年寺に壁書を掲げる。
永正十	一五一三	四月吉日	長野憲業、巌殿寺に立願のため百疋の下地を寄進する。
永正十一	一五一四	四月一日	某（長野業氏ヵ）、榛名神社に制札を出す。
大永二	一五二二	十月	某（長野業氏ヵ）、仁叟寺に制札を出す。
大永四	一五二四	十一月十七日	長野方業、徳雲軒を内応させる。
		十二月十六日	長尾顕景、長野方業と厩橋宮内大夫の惣社城攻めの模様を長尾為景に伝え、援軍を乞う。
大永五	一五二五	四月十六日	山内憲房、没（59歳）。憲寛、山内家督を継ぐ。
享禄二	一五二九	正月二十四日	長尾景誠、家臣矢野氏によって殺害される。長野業政、白井城に入り、長尾憲景を継嗣にすえる。
		八月十四日	山内憲寛、同憲政に従う安中城を攻める（享禄の内訌）。
		九月二十二日	山内憲寛、敗れて長野一族とともに保渡田に移る。
享禄四	一五三一	九月三日	山内憲寛、上総に下る。

天文二	一五三三	二月九日	快元僧都、鶴岡八幡宮造営の喜捨を求め上野に入る。長野宮内大輔がこれに応じる。
天文四	一五三五	四月	長野方業、榛名神社に制札を下す。
天文十	一五四一	秋	長野賢忠・上杉乗賢・成田親泰・那波宗俊・桐生助綱ら、金山城由良氏を攻める。
天文十四	一五四五	九月二十六日	山内憲政、武蔵河越城を囲む（河越合戦）。
天文十五	一五四六	四月二十日	山内憲政、河越城後詰の北条氏康と戦って敗れる。
天文十六	一五四七	八月六日	山内上杉軍、武田軍と信濃小田井原で戦って敗れる。
		八月十一日	武田晴信、信濃志賀城を攻略する。
天文十七	一五四八	十二月三十日	長尾景虎、越後国守護代となり、春日山城に入る。
天文二十一	一五五二	三月	北条氏康、武蔵御嶽城を攻め、安保泰忠らを降伏させる。
		この年	山内憲政、越後に入り、長尾景虎に関東出陣を促す。
天文二十二	一五五三	八月	村上義清、武田晴信に敗れ越後に赴き、長尾景虎を頼る。
弘治元	一五五五	七月十九日	長尾景虎、武田晴信と信濃川中島で戦う。
弘治三	一五五七	四月二十六日	長野業政、長純寺の移転再建のため、奉加を募る。
永禄元	一五五八	この年	沼田氏の内紛がおこる。山内憲政、簗田晴助の仲介で再度越後に入る。
永禄二	一五五九	二月十二日	北条氏、小田原衆所領役帳を作る。
		六月二十六日	長尾景虎、将軍義輝より裏書免・塗輿などを許され、山内憲政の進退に意見することを許される。
永禄三	一五六〇	八月二十九日	長尾景虎、三国峠を越えて上野国に侵攻する。白井長尾憲景・長野業政・惣社長尾顕景ら、景虎を迎える。
永禄四	一五六一	二月	長尾景虎、赤石に関東の軍勢を集結させ、関東幕注文を作成する。長野業政、箕輪衆を率いて参陣する。
		三月	山内憲政・長尾景虎、小田原城に北条氏康を攻める。
		三月十六日	山内憲政、長尾景虎に上杉の家名を与え、政虎と名のらせる。
		六月十日	近衛前嗣、長野業政の病気治療を伝える。

永禄五	一五六二	六月二十一日	長野業政、病没する。
		五月二日	武田方の浦野中務少輔、室田を放火し、長野三河入道（業通）を討ち取る。
永禄六	一五六三	十二月五日	武田信玄、箕輪城を攻め、城下とともに長純寺を焼く。
永禄九	一五六六	この年	箕輪城が落城する。長野氏業、自害する。

刊行にあたって

著名であるにもかかわらず、手頃な概説書がない人物や城郭、事件・合戦は多く存在します。また、本格的な分量ではなくもっと手軽に読め、かつ要点は押さえられている概説書が欲しい、という声もよく聞いてきました。

今回、刊行が開始される戎光祥出版の「シリーズ・実像に迫る」は、そうした要望に応え、これまで書籍として刊行されていなかった人物や城郭などを積極的にとりあげていく企画です。内容は、最前線で活躍する歴史研究者に、最新の研究成果を踏まえつつ、平易に叙述してもらうことにしています。

また、読者の理解を助けるために、写真や史料を多数収録しているので、内容が充実しているだけでなく、読みやすく仕上がっています。歴史ファンだけでなく、研究者にもお薦めのシリーズであることは間違いありません。

シリーズ総監修　黒田基樹

【著者略歴】

久保田順一（くぼた・じゅんいち）

昭和22年（1947）前橋市生。昭和45年（1970）、東北大学文学部史学科国史専攻卒業。群馬県立高校教諭を退職後、現在、群馬県文化財保護審議会専門委員、みやま文庫編集幹事。

主要論著 『群馬県史』通史編3中世（共著、1989年）／『上野武士団の中世史』（みやま文庫、1996年）／『新編高崎市史』通史編2中世（共著、2000年）／『安中市史』第二巻通史編（共著、2003年）／『室町・戦国期 上野の地域会社』（岩田書院、2006年）／『上杉憲顕』（戎光祥出版、2012年）／『新田義重』（戎光祥出版、2013年）／『新田三兄弟と南朝』（戎光祥出版、2015年）／『上杉憲政』（戎光祥出版、2016年）。

シリーズ・実像に迫る 003

長野業政《ながのなりまさ》と箕輪城《みのわじょう》

2016年12月8日初版初刷発行

著　者　久保田順一

発行者　伊藤光祥

発行所　戎光祥出版株式会社

〒102-0083 東京都千代田区麹町1-7 相互半蔵門ビル8F

TEL：03-5275-3361（代表）　FAX：03-5275-3365

http://www.ebisukosyo.co.jp

編集協力　株式会社イズシエ・コーポレーション

印刷・製本　日経印刷株式会社

装　丁　堀　立明

ISBN：978-4-86403-223-0